AF328968

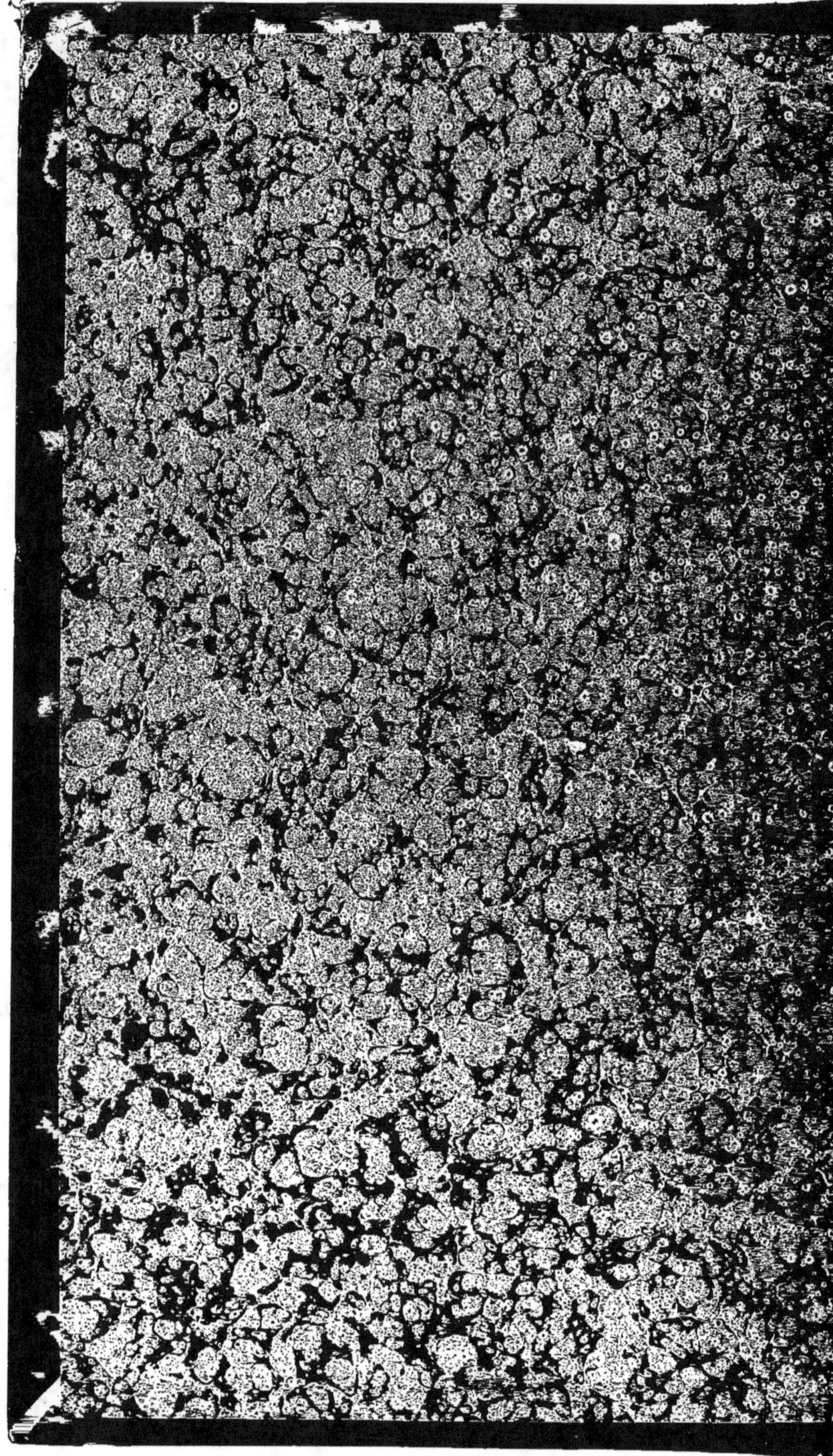

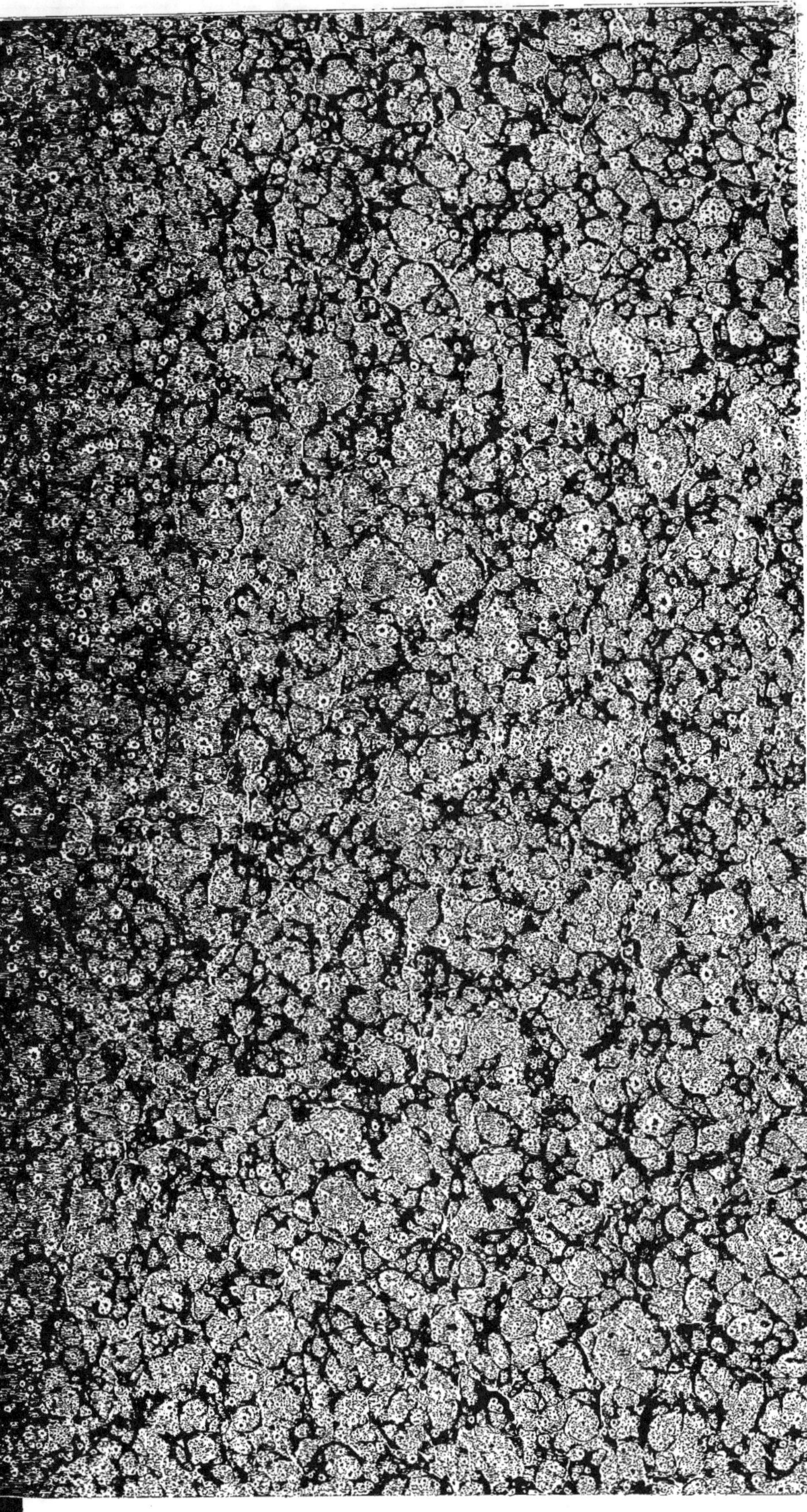

# ENCYCLOPÉDIE

## DE LA

# PHOTOGRAPHIE.

# ENCYCLOPÉDIE

## DE LA

# PHOTOGRAPHIE

### SUR

## PAPIER, COLLODION, VERRE NÉGATIF ET POSITIF

### ET SUR TOILE

Daguerréotype sur plaque d'argent, stéréoscope, ivoire naturel ou
factice, boule concave de cristal (presse-papier)
Détail des instruments nécessaires pour la Photographie
et le Daguerréotype

## TRAITÉ COMPLET DU COLORIS

particulier à ces différents procédés

### A L'AQUARELLE, A L'HUILE

### ET AVEC LES COULEURS SÈCHES EN POUDRE

### PROGRÈS, AMÉLIORATIONS, PERFECTIONNEMENTS

Apportés jusqu'à ce jour dans les différentes branches indiquées
ci-dessus

SUIVI D'UN

## ABRÉGÉ A L'USAGE DES PERSONNES

### QUI DÉSIRENT APPRENDRE SEULES

### L'UN OU L'AUTRE DE CES PROCÉDÉS

PAR

# M. LEGROS

Professeur. — Médailles d'or et d'argent, etc.

### Un Volume. — Prix : 10 fr.

### SE TROUVE

Chez tous les principaux libraires de France et de l'étranger, opticiens
marchands de daguerréotypes, et dans les cabinets de lecture

### ET CHEZ L'AUTEUR

### DANS SES VASTES ATELIERS DE PORTRAITS

### AU PALAIS-ROYAL, GALERIE DE VALOIS, 116

### A PARIS.

## 1856

# AVANT-PROPOS.

Depuis l'admirable invention de Daguerre pour fixer les images de la chambre obscure, et former ainsi, par la seule influence de la lumière, des dessins d'une perfection infinie, bien des améliorations ont été apportées à l'art photographique par de laborieux et patients artistes.

La possibilité de fixer les images de la chambre noire était connue dès le siècle dernier, mais on ne pouvait obtenir qu'une ombre fugitive, et pour cette cause la découverte ne promettait aucun résultat utile, puisqu'il était impossible de conserver les images que le rayon solaire avait dessinées, et que ces mêmes images devenaient complétement noires aussitôt qu'on les exposait à la lumière du jour.

Enregistrer pas à pas les améliorations qui arrivent chaque jour dans la photographie, est pour nous un devoir que nous avons pris l'engagement de remplir.

Maintenant que cet art s'est enrichi de découvertes remarquables, nous venons prouver au monde daguerrien et photographique que nous continuons de suivre progressivement et sans relâche les nouvelles découvertes qui enrichissent chaque jour cette science sublime, à laquelle nous sommes pour ainsi dire identifié.

Des artistes distingués, des savants, des hommes d'un grand talent et d'un grand mérite, se sont occupés de cet art. Nous avons étudié les ouvrages des maîtres en photographie et chimie, pour nous rendre un compte exact des nouveaux perfectionnements qui ont pris naissance depuis quelques années dans cet art si fertile en découvertes ; nous avons reconnu qu'une longue expérience et beaucoup d'argent dépensé pour la science photographique nous donnaient le moyen de faire ce qui était impossible à d'autres.

Notre but n'a pas été de faire un ouvrage scientifique ni historique, mais bien un traité complet pratique et facile à comprendre.

Si quelques répétitions se trouvent dans cet ouvrage, c'est que nous avons voulu éviter au lecteur l'obligation de faire des recherches d'un ouvrage à l'autre.

La photographie prend une extension considérable; le collodion, ce produit connu depuis deux ou trois ans à peine, donne maintenant à nos plus grands praticiens ces magnifiques épreuves sans retouche ou coloriées, qui font l'admiration du public et la gloire de l'artiste.

C'est au milieu d'une telle marche que nous avons voulu apporter au monde artistique le dernier complément que nous avons cru nécessaire pour obtenir un plein succès.

Nous disons avec conviction aux artistes : Suivez pas à pas la méthode que nous vous indiquons, et vous êtes sûrs d'obtenir sans cesse des résultats non-seulement satisfaisants, mais encore admirables de fini, d'exécution et de composition.

Une lacune existait dans les traités de photographie parus jusqu'à ce jour ; presque personne n'avait parlé du coloriage des épreuves photographiques, soit à l'aquarelle, soit à l'huile ; cette lacune, nous avons voulu la combler : on trouvera dans cet ouvrage un traité complet de la retouche, qui, comme chacun le sait, est le complément de la photographie pour tout opérateur portraitiste. Nous nous sommes étendu assez longuement sur cette partie de l'art ; nous avons voulu que quiconque a travaillé la peinture, s'il fait bien attention à toutes les recommandations que nous avons faites, puisse colorier des épreuves photographiques après peu d'essais.

Dans le travail que nous publions, nous aurons atteint en grande partie notre but, si nous parvenons à initier chacun aux secrets du coloriage des épreuves.

Depuis quinze ans que nous cherchons à perfectionner le procédé de Daguerre, à l'améliorer de toutes les manières, nous venons, fier de notre expérience, offrir au public un ouvrage dans lequel il trouvera cette devise : « Vérité, sécurité, progrès. »

La photographie, cet art sublime, ne peut que rencontrer les sympathies de tous; des milliers de bras ne sont-ils pas employés chaque jour aux travaux de toute nature qu'elle nécessite? Que d'hommes, auparavant inoccupés, ont trouvé dans cette partie une profession honorable! L'artiste y trouve une occupation utile, une récompense honnête à ses travaux; le chimiste y a trouvé l'application de ses produits; le physicien, celle de ses principes et de ses lois; l'amateur, un moyen d'occuper agréablement ses loisirs; tous, enfin, ont une part dans le champ d'une science dont Dieu seul peut connaître le terme.

Honneur donc à Daguerre, dont l'admirable découverte fait vivre tant de familles et sera la source de tant de jouissances! Quelle est la mère qui ne sera heureuse de voir la reproduction fidèle d'un enfant aimé? Quel est l'enfant qui ne sentira son cœur se serrer en contemplant les traits d'un père ou d'une mère chéris, trop tôt enlevés à sa tendresse?

Daguerre et Niepce, deux noms qui désormais sont inséparables et vivront dans tous les cœurs pour avoir facilité aux gens peu aisés de pouvoir, eux aussi, posséder le portrait d'une personne aimée! Quel est l'ouvrier qui pouvait dépenser 100 ou 200 fr. pour avoir un portrait où il manquait encore souvent la chose principale, la ressemblance?

Eh bien! cet homme maintenant pourra voir ses vœux comblés, sans que pour cela il soit forcé de dépenser une somme qui peut lui servir à procurer un certain bien-être à sa famille. La découverte de ces hommes de génie a mis ainsi à la portée de tout le monde une chose à laquelle la classe aisée de la société pouvait seule prétendre.

L'étonnement, qui au commencement marquait chaque découverte de la photographie, s'est changé en admiration pour les hommes éminents qui, tous les jours encore, s'occupent et réussissent à faire une foule de découvertes utiles à ce bel art.

Nous avons réuni dans cette méthode les procédés sur collodion, albumine, papier positif, verre positif, toile, stéréoscope, plaqué d'argent; procédé pour faire rapidement les épreuves positives sur papier, grossissement des petites épreuves; procédés sur ivoire naturel ou factice et boule concave de cristal (presse-papier). Nous avons voulu ainsi publier tous les procédés dans un seul ouvrage, afin d'éviter à l'artiste l'obligation d'acheter sans cesse de nouvelles brochures. En suivant d'un bout à l'autre celle que nous publions, il y trouvera tout réuni.

La plus belle récompense que nous puissions espérer, comme fruit de notre travail, est cette part d'estime que tout artiste est fier d'avoir méritée en travaillant pour son art.

LEGROS,

Palais-Royal, galerie de Valois, 116.

# PHOTOGRAPHIE
## SUR VERRE, COLLODION, ÉPREUVES NÉGATIVES.

## COLLODION.

### CHAPITRE Iᵉʳ.

#### Polissage des glaces.

Le poli de la glace est une des opérations
essentielles, car de lui dépend la bonne réussite
des épreuves, jamais on ne fera rien avec une
glace mal polie.

Il faut choisir des glaces bien pures, exemptes
de raies et de ce sablé qui se rencontre assez
fréquemment dans les verres doubles ordinaires
dont quelques artistes se servent ; nous préférons de beaucoup nous servir de belles glaces
ordinaires, bien choisies, qui sont plus chères,
il est vrai, mais qui méritent d'être mises au

premier rang , et qui , par les bonnes réussites qu'elles donnent, compensent très-bien le prix qu'elles coûtent , en évitant les accidents qui arrivent si souvent parce que les glaces ne sont pas dans les conditions voulues.

Une glace peut servir un grand nombre de fois ; cependant il vient un temps où presque toujours il se forme dessus un amalgame d'argent, qui une fois commencé va toujours en augmentant et qu'on ne peut jamais enlever tout à fait convenablement. Une glace sur laquelle ce défaut arrive doit être mise au rebut immédiatement; non-seulement cela occasionne des taches, mais encore , à la place où ces défauts ont pris racine, le collodion, en séchant, s'enlève de dessus la glace, et le portrait part complétement. Il est très facile de reconnaître cet accident en polissant les glaces ; il forme comme des marbrures métalliques, qui se voient très-bien quand la glace est nettoyée.

C'est un des accidents les plus graves qui arrivent dans le polissage de la glace, si on ne s'en aperçoit pas pour le prévenir.

Avant d'entrer en matière pour le polissage de la glace, recommandons à l'artiste la plus grande propreté dans ce nettoyage, comme dans toutes les opérations qui suivront ; car sans une propreté excessive, la photographie est complétement impossible.

Pour polir la glace, il faut d'abord, si c'est une glace neuve, la bien essuyer avec un chiffon ou une peau ; si au contraire c'est une glace qui ait déjà servi, sur laquelle il y ait une épreuve, elle doit tremper dans l'eau acidulée d'acide nitrique, pendant au moins une demi-heure ; la bien laver ensuite avec de l'eau ordinaire, laisser égoutter un peu et sécher avec un torchon ; en prendre un autre plus sec, pour finir de la sécher complétement.

Lorsque nous sommes pressé et que nous manquons d'acide nitrique, nous mettons aussi nos glaces tremper tout simplement dans l'eau ordinaire ; nous nous trouvons presque aussi bien de cette manière que de l'autre. Cependant, lorsque ce sont des glaces sur lesquelles il y a depuis longtemps déjà des épreuves, il vaut mieux les faire tremper dans l'eau acidulée. Par l'autre méthode, il reste quelquefois une silhouette de l'ancien portrait, au lieu que l'acide nitrique enlève complétement jusqu'aux moindres traces de cette épreuve.

Lorsque la glace, vieille ou neuve, se trouve ainsi parfaitement nettoyée et séchée, on la couvre d'une poudre, nommée photogine, qui se trouve chez les marchands de produits chimiques. Cette poudre, qui est de couleur blanche, enlève complétement, sans qu'il en reste trace, les taches qui se trouvent sur la glace.

Quand on en a couvert la glace, comme nous l'avons dit, y verser quelques gouttes d'alcool, frotter avec un tampon de coton ou avec un chiffon bien mou, laisser ensuite bien sécher cette pâte sur la glace pendant 5 à 10 minutes; un peu plus, un peu moins, ne signifie absolument rien. Cette opération doit être faite des deux côtés de la glace.

Lorsqu'elle est bien sèche, enlever cette poudre et en nettoyer convenablement la glace avec un tampon de coton ou un chiffon, de manière à ce qu'il n'en reste pas du tout. Prendre alors, sur un morceau de papier joseph, ou papier de soie, quelques gouttes d'éther rectifié; passer promptement sur les deux côtés de la glace. Cette opération doit être faite très-vivement, l'éther étant un produit très-volatil qui s'évapore aussitôt qu'il est à l'air.

Il faut éviter, autant que possible, de se servir de l'éther à la lumière des bougies ou des lampes; ce produit est une matière très-inflammable, il ne faudrait qu'une goutte qui irait toucher la flamme pour faire un encendie considérable; d'autant mieux que les laboratoires des photographes sont toujours garnis de collodion, éther, alcool, etc., toutes matières prenant feu très-facilement.

Il faut donc, autant que possible, éviter de se servir de ces produits dans le cabinet noir, lorsque les opérations que l'on fait nécessitent d'avoir ou une bougie ou une lampe allumée. Du reste, en prenant de grandes précautions, on peut empêcher ces accidents d'arriver; comme il faut quelquefois peu de temps pour occasionner un malheur, nous croyons bon d'avoir fait ces recommandations dans l'intérêt de chacun.

Lorsque les deux côtés de la glace ont été bien imprégnés d'éther, on prend une peau de chamois ou de daim, arrangée en forme de tampon, et on frotte vigoureusement jusqu'à ce qu'on voie la glace bien propre; on souffle dessus, on prend un autre tampon de peau complétement sec, et on passe immédiatement sur la buée, ce qui aide beaucoup à donner du poli et du brillant à la glace, et à la rendre bien pure. Cette opération doit être faite trois ou quatre fois ; il faut au moins 10 minutes pour polir convenablement une glace.

Lorsqu'on la jugera convenablement polie, on la transportera, afin de la mettre à l'abri des taches et de la poussière, dans une boîte nommée boîte à glaces, dont la description sera donnée ci-après.

Aux yeux des personnes peu expérimentées, polir une glace n'offre aucune espèce de difficulté; ce n'est, dira-t-on, qu'un carreau à nettoyer très proprement. Ceux qui pensent ainsi sont dans une erreur complète et qu'il est bon de faire disparaître ; la plus petite poussière, le moindre corps gras, amèneraient sans aucun

doute des résultats déplorables : l'une occasionnerait une tache certes beaucoup plus forte
qu'elle ne l'est en réalité, à cause de la traînée
qui se forme entre le collodion et la glace ; l'autre occasionnerait non-seulement la perte de
l'épreuve, mais encore celle du bain de nitrate
d'argent, que la moindre tache de graisse peut
empêcher complétement d'être propre à donner
des épreuves.

Nous ne saurions trop recommander la propreté, comme premier principe de la photographie. Nous espérons que les artistes, et surtout les commençants, à qui nous nous adressons
particulièrement, comprendront toute la portée
de nos conseils, et qu'ils les suivront, puisque
c'est en même temps pour eux meilleure réussite, économie de temps, car il faut recommencer une mauvaise épreuve ; et par cela même,
c'est aussi une économie d'argent.

Nous nous servons, pour conserver les glaces
à l'abri de la poussière, de boîtes en sapin auxquelles nous donnons le nom de boîtes à glaces.
Ces boîtes sont carrées et de la grandeur des
glaces ; elles ont des rainures pratiquées sur les

deux côtés, de manière que les glaces entrent chacune dans leur rainure. Les boîtes dont nous nous servons ont de douze à dix-huit rainures; nous préférons cela à les avoir plus fortes; il vaut mieux en avoir plusieurs qu'une seule qui serait gênante.

Avec ces boîtes fermant hermétiquement, on est presque toujours sûr de n'avoir aucune poussière ni saleté sur les glaces polies. On se sert de boîtes pareilles pour conserver les clichés une fois faits.

Beaucoup d'artistes se servent, pour polir les glaces, d'une planchette dont voici la description : un bâton à vis et deux planches, dont une mobile que l'on fait aller où on veut, en serrant ou en éloignant la vis, afin qu'elle puisse servir pour toutes les grandeurs ; on met la glace entre les deux planches, qui possèdent des rebords sur lesquels on place la glace que l'on veut polir. La planchette a deux bâtons de soutien à chaque bout des planches. Cette méthode est très-bonne; nous préférons cependant employer le procédé le plus simple, qui consiste à polir au bout de la main.

Éviter avec soin, dans le polissage des glaces, de mettre les doigts ailleurs que sur les angles ; car, en frottant avec la peau, celle-ci promènerait sur toute la surface de la glace la graisse qu'auraient pu y laisser les mains, et l'on serait obligé de recommencer le poli, comme si on n'avait rien fait.

La meilleure manière de tenir la glace est celle-ci : un angle appuyé contre la poitrine, et tenir celui qui lui fait face, entre le pouce, et l'index de la main gauche ; frotter de la droite avec la peau.

Les conditions que nous avons posées pour la bonne réussite ayant été suivies, passons à l'opération du collodionnage.

# CHAPITRE II.

### Collodionner la glace.

Lorsqu'on est sur le point de verser le collodion sur la glace, on doit prendre de nouveau la peau qui sert à polir, et frotter pendant quelques instants très-vigoureusement, de manière à échauffer un peu le verre ; le collodion y est alors beaucoup plus adhérent.

Il faut avoir un blaireau comme ceux dont on se sert pour prendre l'or en feuilles ; ce blaireau est large, peu épais et attaché après une feuille de carton ; il sert à enlever les dernières poussières qui peuvent se trouver sur la glace, au moment juste du collodionnage.

Prendre la glace entre le pouce et l'index de la main gauche, tenir son flacon à collodion de la droite, et, tenant la glace bien droite,

verser dessus une quantité suffisante de collodion pour la couvrir en entier ; bien faire attention cependant que l'angle que tient la main
doit être épargné ; en venant toucher le pouce,
la couche de collodion enlèverait de l'humidité
des mains, qui occasionnerait une tache d'un
bout à l'autre de la glace.

Il faut aussi bien faire attention, en versant
le collodion, de le faire marcher également, de
manière à ne former aucunes stries ni épaisseurs. Lorsque la glace est convenablement
recouverte de collodion, on renverse l'excédant, par un angle, dans le flacon à collodion,
qui doit toujours être prêt à le recevoir. Ce
flacon ne doit pas être bouché tant que l'opération n'est pas finie ; mais, aussitôt terminée,
on doit le boucher de suite, pour éviter l'évaporation ; car, comme il entre dans la composition du collodion beaucoup d'éther et d'alcool,
qui sont deux substances s'évaporant facilement, il faut faire attention qu'il soit toujours
bouché, sans cela il deviendrait épais et l'opération serait moitié et trois fois plus longue.

L'éther et l'alcool sont employés pour rendre

le collodion liquide ; s'ils sont évaporés, naturellement le collodion redevient ce qu'il était auparavant, c'est-à-dire très-épais, et il devient presque impossible d'obtenir des épreuves avec du collodion dans de pareilles conditions.

Lorsque la couche de collodion est bien étendue sur la glace, il faut qu'elle sèche un peu, sans quoi on aurait sur l'angle collodionné le dernier une énorme tache blanche qui couvrirait ou la moitié des habits ou la moitié du fond ; si, au contraire, on avait laissé trop sécher, le collodion perdrait une partie de sa sensibilité, et l'opération serait moitié plus longue, quelquefois plus. Le collodion est plus ou moins de temps à sécher, suivant la température ; dans un temps très-chaud, il est sec au bout de 10 ou 15 secondes, quelquefois instantanément ; si, au contraire, il fait un temps très-humide, le collodion mettra moitié, trois quarts et une minute même, quelquefois davantage ; la pratique apprendra à l'opérateur à quoi s'en tenir sur ce sujet.

Il faut avoir le soin, lorsqu'on verse le collodion sur la glace, de ne pas approcher celle-ci

de la lumière, de même que le flacon à collodion ; la moindre étincelle pourrait mettre le
feu à la glace et déterminer une explosion,
même un incendie considérable. Il faut donc
toujours être à une distance de 15 ou 20 centimètres de la bougie. Pour éviter les accidents qui peuvent arriver avec l'éther et le feu,
quelques artistes ont eu l'idée de remplacer la
bougie par des carreaux dépolis en jaune, qui
donnent à peu près la lumière diffuse de la
chandelle ; cependant, nous préférons prendre
de grandes précautions et faire nos préparations dans un cabinet noir éclairé par une faible bougie. Ayant expérimenté l'autre moyen,
nous avons reconnu que la lumière avait toujours de l'influence sur la réussite des épreuves.
On a des tons gris ; les ombres, les demi-teintes
et les lumières sont confondues ; l'épreuve que
l'on obtient n'a ni cette vigueur ni ce relief
qui constituent un bon portrait.

En tout cas, si l'opérateur voulait expéri-
menter par lui-même une chambre éclairée
par des carreaux jaunes, voici comment ils
doivent être disposés : on fait dépolir des verres

en couleur jaune, ou bien encore on achète des verres jaunes tout faits, et on forme une fenêtre qui se trouve placée autant que possible de manière à donner une égale lumière dans toute la chambre. Avec ce système on ne pourrait toujours pas se dispenser de mettre un rideau vert sombre devant la fenêtre au moment de la troisième opération, traitant de la sensibilisation de la glace.

Lorsque la glace est ainsi collodionnée dans de bonnes conditions de lumière, d'épaisseur et de propreté, on la transporte dans le bain sensibilisateur.

# CHAPITRE III.

### Sensibiliser la glace.

La glace simplement collodionnée n'est pas sensible à la lumière; on exposerait à la chambre noire après avoir collodionné, que l'on n'obtiendrait aucune épreuve; il faut donc rendre la couche de collodion sensible; c'est ce qui fera l'objet de ce chapitre.

Dans le fond d'une cuvette en porcelaine ou faïence, plus grande environ de 3 ou 4 centimètres sur tous sens que la glace qu'on veut employer, on met une pièce de 5 francs, à la distance où doit venir tomber le bord supérieur de la glace, pour empêcher que le collodion touche le fond de la cuvette, ce qui le déchirerait, ou tout au moins occasionnerait des taches.

Cette bassine doit contenir la solution suivante, en plus ou moins grande quantité, suivant la grandeur de la glace :

Eau distillée.. ........... 100 grammes.
Azotate ou nitrate d'argent... 6 —

Lorsqu'on trempe la glace dans ce bain, elle doit toujours en être parfaitement recouverte.

Quand on croit la couche de collodion convenablement sèche, on plonge la glace, le côté collodionné en dessous, dans le bain ci-dessus indiqué, en ayant bien soin que le bord de la glace touche sur celui de la pièce de 5 francs.

Lorsque la glace est plongée dans le bain sensibilisateur, elle prend une couleur blanc nacré ; il faut généralement qu'en regardant avec une bougie, on voie cette teinte bien épaisse et bien unie. On remue légèrement la bassine dans tous les sens, et, prenant de la main droite un petit crochet en argent, manche en bois, ou bien simplement avec le doigt, on soulève la glace hors de l'eau , ce qui n'est pas difficile puisqu'elle est déjà un peu soulevée par la pièce de monnaie. Il n'y a rien de si facile que de passer le crochet en dessous, ou de lever avec le doigt ; on soulève ainsi cinq ou six fois, en abaissant rapidement ; la glace collodionnée doit rester dans ce bain de 1 minute à 1 minute et demie. Pour les opérateurs qui ne sont pas très au courant des opérations, ils pourront, lorsqu'ils croiront leur glace assez nitratée, approcher un peu la bougie et regarder la glace : tant qu'il y aura dessus des espèces de corps huileux qui forment comme des traînées sur la glace, il faudra la plonger de nouveau, et la laisser dans le bain jusqu'à ce que ces lignes soient complétement disparues. Lorsqu'elles le seront, mettre la glace dans le châssis, et aller faire l'opération de la chambre noire.

Pour des artistes qui ont l'habitude des manipulations, il vaut beaucoup mieux ne pas se servir de bougie et faire l'opération du nitrate d'argent sans aucune lumière ; on doit même placer une planche, ou toute autre chose, entre le bain de nitrate et la bougie. Si, lorsque la glace est plongée dans le bain, elle ne prenait pas la couleur blanc nacré indiquée ci-dessus, il faudrait en chercher la cause , soit dans la vieillesse du collodion, qui perd beaucoup de sa sensibilité en vieillissant, soit dans le dosage du bain sensibilisateur.

Il existe une autre manière de nitrater les glaces : c'est d'avoir une cuvette verticale, au lieu d'être horizontale, soit en gutta-percha, soit en verre, qui doit être pleine jusqu'à l'endroit où vient la hauteur de la glace ; on plonge celle-ci dans la bassine, on la laisse tomber sur un crochet disposé exprès pour la recevoir, et on la soulève de temps en temps ; le temps qu'elle doit y rester est le même.

Mais les accidents tels que casser le collodion, avoir des stries, des traînées, étant beaucoup plus à craindre, nous préférons nous servir de la cuvette plate.

Après avoir terminé complétement l'épreuve, il arrive quelquefois des stries ou traînées qui se trouvent sur tout ou partie de la glace ; cet accident peut être attribué à deux causes différentes : ou le collodion est trop clair, et il est facile d'ajouter, soit un peu de coton-poudre, soit un peu de collodion du commerce ; il est alors épaissi et va très bien ; ou bien on n'a pas laissé assez longtemps dans le bain sensibilisateur, l'argent s'est condensé par places sur la couche de collodion, et a formé des lignes qui gâtent complétement l'épreuve.

Comme nous l'avons déjà dit, il faut de 1 minute à 1 minute et demie pour que la glace soit convenablement sensibilisée.

Si après avoir plongé la glace dans le bain de nitrate d'argent, le collodion se déchirait, ce serait ou qu'il n'aurait pas un degré de ténacité convenable, et alors il faudrait l'épaissir comme nous venons de le dire ; ou bien il ne serait pas resté assez longtemps à sécher. Dans les deux cas l'épreuve devrait être recommencée si la déchirure attaquait ou la figure ou les habits.

Lorsque la glace est assez nitratée, on la laisse égoutter dans la bassine, par un angle, pendant environ 5 ou 10 secondes ; il ne faut cependant pas perdre de temps, la couche de collodion nitratée devenant beaucoup moins sensible en séchant.

On met la glace dans le châssis, le collodion

en dessous, et on va faire l'opération de la chambre noire , autrement dit on va tirer l'épreuve. Nous donnerons plus tard la description du châssis ci-dessus mentionné.

# CHAPITRE IV.



Il faut donner au modèle la pose qui lui convient le mieux, soit assis, soit debout; dans l'un ou l'autre cas, il doit toujours être parfaitement d'aplomb, et avoir la tête fixée au moyen de l'appareil que nous appelons appui-tête.

Ayant choisi par avance l'endroit le plus favorable pour la lumière, on place la chambre noire sur le pied qui la supporte ; on la dirige bien en face de la personne ou de l'objet que l'on veut reproduire, et par le moyen d'une vis d'engrenage qui permet d'éloigner ou de rapprocher l'objectif, on amène son modèle au foyer ; c'est-à-dire que sur une glace dépolie qui se trouve placée derrière l'objectif, on voit l'image pure et nette, mais renversée, de la personne que l'on va tirer. Il n'y a qu'un point où l'image offre toutes les conditions de netteté et de pureté désirables ; si par le moyen de la vis de l'objectif, on l'éloigne un peu plus, un peu moins, on n'a plus qu'une image obscure et embrouillée, et par suite l'épreuve sortira fort mal. Quand ce sont des personnes dont on a le portrait à faire, le meilleur moyen de reconnaître si on a le foyer juste est de regarder le point des yeux, les poils de la barbe, les rides, enfin les plus petits détails. Quand on voit tout cela bien net, on est sûr que l'épreuve qu'on va tirer le sera convenablement.

Avant d'entrer en matière pour la pose, disons d'abord à l'artiste la chose principale : c'est que tous les objets soient, autant que possible, sur le même plan.

Maintenant que nous avons vu la disposition de l'appareil, voyons un peu celle du modèle ; elle offre assez de difficultés, surtout si on a affaire à des personnes qui veulent choisir elles-mêmes leur pose, pose quelquefois excentrique et qui, le plus souvent, ne leur convient pas du tout.

Dans cette circonstance l'opérateur doit s'attacher à donner la pose qu'on lui demande, tout en la corrigeant et la mettant en rapport avec son appareil, afin de la rendre le plus agréable qu'il lui sera possible.

Les poses qui nous ont toujours paru les plus avantageuses sont celles-ci :

1° Un bras appuyé sur une table, la main tombant sur la cuisse, à moitié fermée, de manière qu'il n'y ait que le petit doigt qui porte en plein sur le pantalon, l'autre bras descendant le long des côtes, en demi-cercle, de manière que la main vienne poser sur le milieu de la cuisse, absolument comme l'autre. On peut modifier cette pose en laissant tomber négligemment la main qui est sur la table, au lieu de la poser sur la cuisse ; le goût doit seul guider l'opérateur pour ce qui est de semblables détails.

2° Une pose qui sied assez bien, surtout aux dames, est celle-ci : tenir un coude fixé sur une petite table, la tête portée par la main ; l'autre bras sera disposé comme dans la pose précédente.

3° On peut placer une des mains dans le gilet, de manière que l'on ne voie que l'extrémité du poignet, le coude appuyé sur la table, l'autre bras comme précédemment.

Quelles que soient les poses, il faut toujours que la personne soit bien assise au fond de la chaise, le corps légèrement porté en avant et dirigé un peu obliquement, et la tête droite.

Quelque pose que l'on donne pour obtenir des yeux bien ronds et bien ouverts, il faut toujours que la personne ait le corps et la tête bien droits, sans cependant les porter en arrière, et faire regarder sur l'appareil, au-dessus de l'objectif ; il est toujours très mauvais de faire regarder plus haut : le modèle semblerait regarder en l'air sans but, au lieu que regardant à la place que nous avons indiquée, il semblera porter le regard sur la personne qui est devant lui, ce qui donnera beaucoup plus d'expression au portrait.

Il faut aussi éviter de placer l'objectif plus bas que la tête de la personne ; elle semblerait avoir la figure et surtout le nez tout épaté.

Faire un portrait complétement de face est un fort mauvais système, un portrait de 3/4 ou demi 3/4 est bien préférable. S'il s'agissait, par exemple, d'une personne ayant un gros nez, on la reproduirait avec un nez gros et épaté, qui naturellement lui semblerait désagréable, et il faudrait recommencer.

Il faut éviter de laisser prendre des poses pleines de raideur et de gêne, c'est un grand défaut; elles doivent toujours être naturelles, sans quoi le but est manqué; on a quelque chose du modèle, mais la ressemblance n'est pas complète, il y manque la nature.

Il faut surtout ne pas laisser prendre au modèle un air triste et sévère, c'est ce qui arrive fréquemment chez certains artistes ; il faut, au contraire, recommander de prendre un demi-sourire, un air de contentement dans l'ensemble de la physionomie, sans rire cependant, ce qui occasionnerait des rides dans la figure, qui serait affreuse.

Du reste, nous nous adressons surtout aux élèves, car un artiste expérimenté aperçoit du premier coup d'œil les plus petits défauts, auxquels il remédie de suite.

Éviter autant que possible les poses debout ;

elles fatiguent le modèle et lui donnent un air triste et maussade qui est fort disgracieux dans un portrait. Si cependant on est forcé de faire de ces poses, ce qui peut arriver, voici celles qui nous ont donné les meilleurs résultats :

1° Surtout si c'est pour une dame, la pose suivante doit être préférée : le corps un peu de côté, la tête bien droite de 3/4, demi 3/4, ou même de profil ; une main sera appuyée sur le dossier d'une chaise ou sur une table, tenant un livre ; l'autre main, tombant le long du corps, tiendra un éventail, un bouquet ou toute autre chose ; si c'est un homme, on peut faire tenir des gants à la main.

2° On peut faire mettre une main dans l'habit, la jambe droite un peu plus allongée que l'autre, la tête et le corps de 3/4 ou demi 3/4 ; l'autre main tiendra le chapeau ou des gants. Si c'est un militaire, faire mettre la main sur la garde de l'épée, l'autre main tombante.

Ne pas faire, autant que possible, de portraits avec des chapeaux sur la tête, cela donne toujours une physionomie dure au modèle, et couvre une moitié de la figure d'une ombre que l'on n'aime pas généralement; on est donc obligé de l'atténuer en faisant la retouche, quand l'épreuve est finie.

Toutes ces dispositions étant prises, on retire la glace dépolie qui se trouve à la chambre noire, et on la remplace par le châssis qui contient la préparation.

A ce moment, donner l'ordre de rester dans l'immobilité la plus complète; le moindre mouvement, soit dans les yeux, la bouche ou toute autre partie, amène dans le portrait le plus grand désordre; il s'y forme quelque chose de brouillé et de confus, quelquefois même la partie qui a subi quelque mouvement se trouve doublement imprimée. Lorsque le châssis est dans la chambre noire et que le modèle est bien immobile, tirer la planchette qui couvre le châssis, et enlever la capsule qui bouche l'objectif : la glace préparée est soumise à l'effet des rayons lumineux.

Le temps de l'exposition dure plus ou moins, suivant l'intensité de la lumière, suivant que l'on a laissé le collodion sécher, et aussi selon le temps qu'on est resté dans le bain de nitrate d'argent.

Si la glace a séché longtemps, l'opération, comme nous l'avons déjà dit dans le chapitre précédent, sera beaucoup plus longue.

Si on est resté longtemps au nitrate d'argent, l'épreuve sortira grise ; elle aura l'apparence d'avoir trop de pose, et pourtant les détails manqueront ; c'est que les sels d'argent auront laissé un voile sur certaines parties de la glace collodionnée.

Si la glace est préparée dans les conditions que nous avons indiquées, la durée de la pose variera de 5 secondes à 1 minute sous une terrasse vitrée, et de 1 à 20 secondes à l'air libre ; alors les changements ne tiendront qu'à la plus ou moins grande intensité de la lumière.

Par un temps ordinaire, il faut de 10 à 15 secondes.

Si le temps est recouvert de nuages blancs, l'opération ira très vite, attendu que ces nuages laissent passer la lumière très librement ; si au contraire il fait un temps de brouillard avec de gros nuages gris, l'opération ira excessivement lentement. Si la durée de l'exposition a été trop longue, le portrait vient d'un ton grisâtre et uniforme, sans aucune vigueur, la figure et les habits tout du même ton. Si au contraire la durée de la pose a été trop courte, le portrait viendra rempli d'oppositions : des yeux tout noirs, des ombres de même et des lumières excessivement blanches, sans demi-teinte ; les habits viendront tout d'un paquet, noirs, sans aucun détail. Dans l'un ou l'autre cas, le portrait est manqué, il faut le recommencer.

Lorsqu'on travaille dans une maison ou chambre, la pose est beaucoup plus longue, on ne peut rien fixer ; beaucoup d'habitude est nécessaire pour réussir convenablement.

Voici pour le portrait. Maintenant, pour les monuments, paysages, gravures, lithographies, l'opération est plus de moitié moins longue, quoique avec la même lumière.

Les peintures, au contraire, ont beaucoup de peine à se fixer sur la préparation ; la durée de la pose est d'autant plus considérable que les couleurs sont plus foncées ; mais la pose est à peu près toujours plus longue que pour le portrait.

La disposition des objets sur le même plan doit aussi être l'objet d'une attention sérieuse ; il faut veiller à ce que pas un ne dépasse l'autre ; celui qui se trouverait en avant prendrait des proportions gigantesques, au lieu que ceux qui se trouveraient trop reculés tomberaient dans le défaut contraire.

Il faut aussi que tout se trouve, autant que possible, sur le milieu de la glace ; les objets qui se trouveraient sur les côtés, ou ne sortiraient pas, ou sortiraient mal.

Si l'artiste fait un paysage, on comprend qu'il ne doit s'attacher à mettre au point que le premier plan, les plans secondaires étant destinés à faire le lointain.

# CHAPITRE V.



**Faire paraître l'épreuve négative.**

En retirant la glace de la chambre noire, si on l'examinait, on ne verrait aucune trace de portrait; il faut, pour le faire sortir du voile dans lequel il se trouve enveloppé, que d'autres produits viennent opérer une réaction avec ceux déjà employés et fassent apparaître l'image.

Pour cela il faut, lorsqu'on a levé le châssis de la chambre noire, revenir dans le cabinet noir où l'on a fait les préparations premières, afin de faire apparaître l'épreuve à l'abri de la lumière.

Les solutions que l'on emploie pour cette opération sont au nombre de deux; les voici :

*Solution n° 1.*

| | | |
|---|---|---|
| Eau distillée | 500 | grammes. |
| Acide pyrogallique | 2 | — |
| Acide acétique | 25 | — |

dans un flacon bouché à l'émeri.

*Solution n° 2.*

Eau distillée.............. 100 grammes.
Nitrate d'argent........... 2 —

également dans un flacon bouché à l'émeri.

Verser dans un verre une quantité suffisante pour couvrir la glace en son entier, de la solution n° 1, ensuite ouvrir le châssis qui contient la glace, prendre celle-ci entre le pouce et l'index de la main gauche, la tenir droite, absolument comme pour l'opération du collodionnage, la tenir aussi bien à l'abri de la lumière, jusqu'au moment où l'on a ajouté à la première solution quelques gouttes seulement du nitrate d'argent formant la seconde solution, remuer légèrement pour faire le mélange, et couvrir la glace en entier de ces deux solutions mélangées.

Bien conserver le liquide sur la glace, sans en perdre, toujours dans l'obscurité la plus complète, et, quand on croit l'épreuve assez venue, la lever au-dessus de la bougie : l'épreuve apparaît négative, c'est-à-dire que tout ce qui était blanc est noir, et réciproquement.

Pour qu'une épreuve négative soit bien venue, il faut voir les plus petits détails, les demi-teintes de la figure bien sorties avec finesse en petits traits blancs presque imperceptibles ; les habits doivent être blancs, les reflets légèrement noirs.

Lorsque l'épreuve est bien sortie, comme nous venons de le dire, on la lave à grande eau avec de l'eau ordinaire.

Dans l'apparition de l'image, comme dans la sensibilisation de la glace, la lumière même de la bougie est ce qu'il y a de plus à craindre ; presque tous les voiles qui arrivent sur les épreuves au collodion viennent de ce que l'opérateur a laissé voir imprudemment la lumière, à l'une ou l'autre de ces opérations.

Quand, dans l'apparition de l'épreuve par l'acide pyrogallique, il arrive que l'épreuve reste blanche en négative, que l'on ne peut pas la faire noircir avec la solution ordinaire, on en compose une autre, dans laquelle on met une quantité plus considérable de nitrate que d'acide pyrogallique ; l'épreuve finit toujours par noircir. Si cependant c'était un cliché à conserver, il ne faudrait pas employer ce

moyen, car l'épreuve qui a été faite ainsi disparaît graduellement dans un temps plus ou
moins long. Il vaudrait beaucoup mieux alors
faire une autre épreuve.

Il y a encore un autre moyen de faire apparaître l'épreuve : par le protosulfate de fer ;
mais nous préférons beaucoup nous servir d'a-
cide pyrogallique.

Pour faire une négative par l'acide pyrogallique, une petite déviation du temps de pose
n'entraîne pas pour cela la perte de l'épreuve ;
on s'en sert comme si rien n'était, pourvu qu'il
n'y ait pas une grande différence. Avec le bain
de protosulfate de fer, au contraire, si l'épreuve
n'est pas devinée juste à la lumière, elle ne
vaut rien, il est impossible de s'en servir. Il
faudrait donc, par ce système, que l'opérateur
devinât juste, ce qui est assez difficile, la durée
de l'exposition à la chambre noire, sans cela
il est impossible de faire des épreuves par cette
méthode, qui du reste est très-bonne pour faire
les positives sur verre et toile, et qui donne
une teinte nacrée que ne fournit pas l'acide
pyrogallique.

Nous donnons néanmoins la composition d'un bain pour négatives qui nous a souvent donné de très-bonnes épreuves.

<pre>
Eau distillée............  200 grammes.
Protosulfate de fer........  30     —
Acide sulfurique.........   5     —
</pre>

Lorsqu'on fait paraître l'épreuve par ce procédé, il faut mettre la solution dans une bassine et y plonger d'un seul coup la glace, l'épreuve en dessus ; elle apparaît quelquefois instantanément, quelquefois il faut plus longtemps ; dans tous les cas, du moment qu'elle est apparue, on doit presque de suite la retirer et la laver à grande eau ; si elle restait longtemps dans le bain, elle perdrait de sa force.

# CHAPITRE VI.


**Fixage des épreuves négatives.**

Lorsque l'épreuve est apparue, soit par l'acide pyrogallique, soit par le protosulfate de fer, et qu'elle a été bien lavée, il s'agit de la fixer. Deux moyens sont employés pour cette opération.

Le premier est par le cyanure de potassium. On a dans un flacon une solution ainsi composée :

    Eau distillée. . . . . . . . . . . .    100 grammes.
    Cyanure de potassium. . . . .      6     —

En verser sur la glace une quantité suffisante pour la couvrir en entier, comme si on voulait la collodionner ; laisser ce liquide dessus jusqu'à ce que le voile bleuâtre qu'avait laissé l'acide pyrogallique soit disparu et que l'épreuve apparaisse positive ; l'effet se produit presque in-

stantanément. Ne pas laisser ce produit séjourner sur l'épreuve, elle serait perdue.

L'autre moyen, par l'hyposulfite de soude,
consiste à avoir un bain ainsi composé :

<br>

    Hyposulfite de soude......    20 grammes.
    Eau distillée.............    100    —

que l'on met dans une bassine ou plat quelconque. On plonge l'épreuve, le collodion en
dessus, dans ce bain, et on la laisse se dégager
graduellement d'un voile bleuâtre qu'avait
laissé dessus l'acide pyrogallique.

Cette opération demande de 25 à 35 secondes,
quelquefois davantage, surtout si l'hyposulfite
sert depuis longtemps ; cela n'a du reste aucun
inconvénient. Quand l'épreuve est fixée, soit
par un procédé, soit par l'autre, on doit la
laver à grande eau avec de l'eau ordinaire et
la mettre contre un mur, appuyée sur un angle,
pour la faire sécher.

Nous préférons nous servir de cyanure de potassium, parce que, quelque soin qu'on prenne,
qu'on lave très bien la glace après l'hyposulfite, il reste néanmoins toujours quelques petits

cristaux qui, lorsqu'on fait l'épreuve sur papier, font que l'épreuve se pique d'une foule de points noirs qui se reproduisent sur le papier, et qui entraînent naturellement la perte de l'épreuve. Avec le cyanure on n'a aucun accident de ce genre à craindre ; on est toujours sûr d'avoir des épreuves qui ne se gâtent pas.

Il faut faire bien attention en se servant de cyanure de potassium ; c'est un poison fort violent. Beaucoup d'artistes s'en servent pour enlever les taches que produit sur la peau le nitrate d'argent. Nous conseillons vivement de le rejeter pour cet usage, car c'est un poison qui contient de l'acide prussique et qui empoisonne rien que par absorption ; mais il devrait surtout être mis de côté, si l'on avait aux mains la moindre égratignure.

# CHAPITRE VII.

**Procédé pour obtenir des épreuves sur collodion sec.**

Lorsqu'on a des vues, paysages ou monuments à faire, pour opérer sur collodion, on doit opérer à sec. Voici un moyen de conserver la sensibilité à la couche de collodion.

Lorsque la glace a été sensibilisée et qu'elle est retirée du bain de nitrate d'argent, pendant qu'elle est encore mouillée, on verse dessus une partie de la solution suivante :

| | |
|---|---|
| Eau distillée............ | 400 grammes. |
| Charbon animal......... | 20 — |
| Miel.................. | 1,000 — |
| Alcool................. | 90 — |
| Craie lévigée........... | 45 — |
| Blancs d'œufs........... | 1 gr. 1/2 |
| Acide citrique........... | 1/2 gr. |

Faire bouillir le mélange d'eau, de craie et de miel ; ajouter d'abord le charbon, ensuite mettre les blancs d'œufs, que l'on a eu soin de battre dans 400 grammes d'eau distillée ; faire bouillir de nouveau ; dissoudre l'acide citrique dans 40 grammes d'eau distillée, et l'ajouter par portion au liquide en ébullition; filtrer ensuite. Cette solution ainsi composée reçoit le nom d'hydromélite. On en verse sur la glace, comme si on voulait la collodionner ; seulement la couche doit rester plus longtemps sur la glace. Si on désire conserver la glace très longtemps sensible, verser une seconde couche de la préparation.

La glace ainsi préparée se conserve sensible pendant longtemps ; si on fait l'épreuve après 24 heures, il faudra de 7 à 8 minutes de pose ; si au contraire on ne la faisait qu'au bout de 4 ou 5 jours, on pourrait être forcé de poser 15 minutes et plus.

Il est bien entendu que l'on ne doit employer le procédé du collodion à sec que pour les paysages, les monuments, toute nature morte enfin ; pour les portraits, il est toujours bien préférable de travailler au collodion ordinaire, c'est-à-dire humide.

# CHAPITRE VIII.

## Des fonds.

Par fond on entend une pièce d'étoffe que l'on place derrière le modèle, pour avoir un fond bien uni et aussi pour diminuer ou augmenter l'intensité de la lumière.

On doit toujours le placer à 15 ou 20 centimètres derrière le modèle, afin d'éviter que le tissu de la toile se reproduise dans le fond. On doit toujours avoir les fonds demi-mètre plus hauts que grandeur d'homme, afin d'avoir la facilité de faire des portraits en pied.

Les couleurs que nous préférons pour fonds sont le bleu, le noir et le gris sombre.

Les artistes stationnaires font souvent peindre leurs fonds sur du papier, disposé sur un écran, de la couleur qu'ils le désirent ; mais pour l'artiste qui voyage, il est bien préférable, il est même indispensable d'avoir des pièces d'étoffe comme nous l'avons indiqué.

Il faut éviter avec soin que la pièce d'étoffe forme des plis ou bosses, ces défauts se reproduiraient sur l'épreuve et feraient un effet fort désagréable.

On se sert aussi quelquefois d'écrans représentant, soit des paysages, soit des fonds d'appartement ; nous préférons les fonds unis, ils détachent mieux le portrait ; d'autant mieux qu'on a toujours la ressource, si la personne le désire, de lui faire un fond à la retouche lorsque le portrait est fini.

Il n'y a que sur plaque, où il n'est pas possible de retoucher, que si les personnes le demandaient, on serait forcé de faire un fond factice.

# CHAPITRE IX.

## Des soins à apporter aux bains et aux produits chimiques.

Aussitôt qu'on s'aperçoit que les bains, quels qu'ils soient, commencent à devenir sales, il faut de suite les filtrer avant de se mettre à travailler; les taches qui existent dans les bains en occasionneraient sur l'épreuve.

Les filtres absorbant beaucoup de produits chimiques, il faut toujours, après avoir filtré, renforcer d'un sixième.

Tous les produits chimiques doivent être de la plus grande pureté; si cela n'existait pas, on n'obtiendrait jamais que des épreuves mauvaises, ternes, sans aucune vigueur.

Pour faire les bains, surtout ceux d'argent, on doit se servir d'eau excessivement pure et distillée, sans quoi il se forme des précipités des produits que l'on a fait dissoudre et les bains se trouvent moins forts. Si cependant, par accident, on venait à se tromper, les bains ne seraient pas perdus pour cela : il suffit de bien filtrer et d'ajouter ensuite la quantité que l'on croit perdue du produit employé.

Les bains d'argent pour négatives nous servent un mois et plus, selon que nous faisons plus ou moins d'épreuves; il suffit de les renforcer une ou deux fois. Bien observer que le collodion ne doit pas rester débouché : l'éther et l'alcool s'évaporeraient, le collodion deviendrait épais, et il serait presque impossible d'obtenir des épreuves dessus; il faudrait poser trop longtemps.

Comme nous avons recommandé la plus grande propreté dans les glaces et le laboratoire, de même nous en recommandons une non moins grande dans les produits chimiques et le collodion.

Toutes les manipulations que nous avons décrites, qui à lire semblent une grande affaire, ne sont rien en fait; avec un peu de pratique et d'habileté, on fait certes ces opérations

plus vite qu'on ne les lit et sans aucune difficulté.

Tous les flacons doivent être bouchés à
l'émeri, à large ouverture, pour éviter la décomposition et l'évaporation des bains.

# CHAPITRE X.

### Des fonds artificiels sur le collodion.

Lorsque l'épreuve négative est bien sèche, on peut, si l'on veut obtenir de beaux fonds gradués sur papier, faire le fond sur verre, c'est-à-dire couvrir le fond du portrait sur collodion, d'une couche, soit de rouge indien ou d'encre de Chine. L'encre de Chine a un défaut : quand il fait très-chaud, elle s'enlève comme par écailles de dessus la glace ; le rouge, au contraire, adhère parfaitement au verre et est solide ; aussi nous préférons nous en servir.

Voici la manière de l'employer :

Mettre le rouge dans un godet un peu plus grand et mettre de l'eau dessus, laisser tremper de manière à former une espèce de bouillie ; prendre un pinceau et de l'eau, imprégner son pinceau de couleur assez épaisse pour qu'en la

mettant sur la glace, celle-ci en soit complétement couverte, de manière à obstruer toute
lumière.

On passe d'abord sur les contours du portrait,
en ayant bien soin de n'enlever aucun détail :
ce que l'on enlèverait sur la glace serait perdu
à l'épreuve sur papier ; on barbouille ensuite
le fond de couleur épaisse, pour l'obstruer complétement ; on laisse sécher ; le fond vient blanc
sur papier ; on le teinte comme il sera dit plus
loin au tirage des épreuves.

# PAPIER POSITIF.

## CHAPITRE XI.

### Saler le papier.

Pour faire une belle épreuve positive sur papier, il faut d'abord choisir de très-beau papier. On doit apporter le plus grand soin dans ce choix ; il faut éviter qu'il y ait dedans de petites taches noires, qui ne sont autres que des taches de fer, qui se développent à l'hyposulfite de soude et deviennent d'énormes traînées qui couvrent quelquefois un quart de la feuille de papier. Le papier doit aussi être exempt de petits trous, comme on en voit souvent dans les papiers en les regardant par transparence.

Nous nous servons de beau papier de Saxe, que nous prenons venant directement d'Allemagne. On peut aussi se servir de papiers Causon, Wathmann ; en général, tous les papiers un peu forts et propres peuvent être employés.

Lorsqu'on s'est assuré que le papier est bien pur, le couper de la grandeur qu'on désire donner à son épreuve. On marque l'envers d'une croix au crayon ; rien de si facile que de reconnaître cela : l'envers du papier présente une apparence de tissu ou toile, au lieu que le beau côté renferme de petites peluches qui se trouvent écrasées quand l'épreuve est faite.

Verser dans une cuvette une quantité assez considérable, selon le nombre de feuilles de papier que l'on veut préparer à la fois, d'une solution composée dans les proportions suivantes :

| | |
|---|---|
| Eau distillée.............. | 100 grammes. |
| Sel blanc, chlorure de sodium. | 5 — |

Plonger les feuilles de papier en entier dans le bain, ayant soin d'éviter les cloches ou bulles d'air, qui occasionneraient immanquablement des taches dans les épreuves. On peut mettre dans ce bain la quantité de feuilles de papier dont on désire se servir, en ayant soin que le bain soit assez considérable pour que toutes les feuilles soient bien imprégnées d'eau salée. Nous laissons dans ce bain 3 ou 4 heures, quelquefois une nuit entière ; nous préférons ne laisser que 3 ou 4 heures, remuer au moins un quart d'heure en différentes fois la bassine, retourner 4 ou 5 fois les feuilles de papier.

Lorsque le papier est resté assez longtemps dans le sel, on le suspend par un de ses angles à une planche et après une épingle pour le faire sécher.

On peut aussi se servir de la solution suivante pour saler le papier :

Eau distillée . . . . . . . . . . . . . 100 grammes.
Chlorhydrate d'ammoniaque. 5 —

On étend la feuille du beau côté seulement sur ce bain, et on la laisse de 4 à 5 minutes environ surnager dessus. Faire sécher de la même manière que ci–dessus. On met plusieurs feuilles de papier si on a une bassine assez grande, mais par ce système on ne peut pas en mettre l'une sur l'autre comme avec le chlorure de sodium, puisqu'un côté seul doit toucher.

Nous préférons du reste toujours nous servir du chlorure de sodium.

L'ammoniaque a cependant un avantage, c'est de ne pas attirer l'humidité ; ainsi les papiers préparés par ce système se conserveront plus longtemps que par le sel ordinaire.

# CHAPITRE XII.

### Nitrater le papier.

Le papier étant sec de la solution salée, on le pose du beau côté seulement sur le bain suivant :

Eau distillée................  100 grammes.
Azotate ou nitrate d'argent......   20    —

Il doit rester sur ce bain pendant 4 ou 5 minutes ; ensuite on le retire et on le fait sécher, en l'attachant à une épingle comme après la préparation au sel. Il faut avoir soin de ne pas faire servir les épingles qui ont déjà servi au sel. Nous préférons nous servir d'épingles noires, celles en cuivre occasionnant toujours des traînées dans les épreuves.

Faisons remarquer que le papier salé se conserve très longtemps ; nous avons obtenu de très bons résultats avec du papier salé depuis

4 ou 5 mois. On doit le conserver dans un carton à l'abri de l'humidité.

Le papier nitraté étant sec, on le serre dans un carton recouvert en dedans et en dehors de papier noir, et en le tenant bien à l'abri de la lumière on peut s'en servir encore 2 ou 3 jours après ; il vaut toujours mieux, surtout dans les grandes chaleurs, n'en préparer que pour les besoins de la journée, attendu que le nitrate d'argent et la lumière font noircir le papier, et l'épreuve est toujours plus faible.

# CHAPITRE XIII.



**Tirage de l'épreuve positive.**

Lorsqu'on a fait passer le papier par les deux opérations que nous avons mentionnées plus haut, on passe au tirage de l'épreuve positive.

Mettre dans un châssis dont la description sera donnée ci-après l'épreuve négative, le collodion en dessus ; prendre la feuille de papier et la poser sur la glace, le côté préparé en contact avec le collodion ; recouvrir les deux du drap noir du châssis, passer les deux glaces et les planchettes, serrer légèrement les vis en bois qui servent à faire pression, pour que le cliché et le papier se trouvent bien en contact.

Ce châssis est recouvert sur le drap d'une glace divisée en deux à la moitié, et qui est recouverte de deux planchettes en bois. Cette division permet de regarder, quand on croit l'épreuve positive assez venue.

On dévisse un côté et on la consulte ; si elle ne l'est pas assez, on remet la glace et la planchette et on expose de nouveau à la lumière ; le papier ni la glace n'ont pu se déranger, puisque l'autre côté du châssis les tenait solidement fixés l'un à l'autre. On répète cette visite autant de fois qu'on le veut, en usant toujours du même système, jusqu'à ce que l'on croie que l'épreuve positive a atteint le degré qui lui convient.

Si les deux épreuves n'étaient pas solidement fixées l'une à l'autre, on n'obtiendrait qu'une épreuve flou sans aucune netteté. Il faut donc serrer légèrement les vis, mais de manière cependant à produire une pression assez forte pour que la glace et le papier adhèrent fortement l'un à l'autre.

Lorsque le papier positif a été ainsi bien fixé à la négative dans le châssis, on expose l'un et l'autre à la lumière.

Par un beau soleil, les épreuves mettront de 5 minutes à un quart d'heure pour se faire ; par un temps nuageux, il faudra moitié plus, quelquefois davantage.

On ne peut rien fixer sur ce sujet, la pratique seule guidera l'opérateur ; il y a des épreuves qui, dans les mêmes conditions de lumière, viennent plus vite les unes que les autres.

Il y en a qu'on est quelquefois forcé de laisser une heure ou deux à la lumière ; mais il est toujours très facile de ne laisser venir l'épreuve ni trop, ni trop peu ; puisqu'on a la ressource de la regarder dans le châssis, on peut la retirer quand elle est assez venue.

L'épreuve étant retirée du châssis, si l'on a fait un fond en couleur sur le cliché, comme nous l'avons indiqué chapitre X, le fond sur papier est venu blanc, il s'agit de le graduer ; pour cela on emploie un châssis dont nous donnerons plus tard la description ; on met l'épreuve sur papier dedans, la face tournée du côté de l'opérateur ; ensuite, avec un carton taillé en forme de fer à cheval, on couvre complétement le portrait et on remue légèrement, en exposant à la lumière. Toutes les parties du fond qui se trouvent découvertes noircissent ; il faut se garder, lorsqu'on fait cette opération, de jamais rester un moment sans remuer ; le moindre temps d'arrêt occasionnerait une ligne sur le fond de l'épreuve.

On teinte davantage les endroits qui doivent être plus foncés, rien n'est plus facile : on n'a qu'à laisser plus longtemps ces endroits exposés à la lumière. Il faut toujours, pour donner de l'harmonie au portrait, faire noircir davantage le bas de l'épreuve, et derrière le dos du modèle, de manière à bien laisser la tête se détacher seule au milieu du tableau. Du reste ceci est une affaire de goût de la part de l'opérateur, qui fera sur ce sujet ce qui lui paraîtra le plus convenable.

Pour éviter que tout en faisant le fond, le portrait lui-même ne vienne à noircir, nous faisons une seconde épreuve positive, que nous découpons bien exactement avec des ciseaux fins, en ayant bien soin de couper juste, de n'enlever aucun détail, sans cependant laisser de fond ; enfin on doit suivre positivement les lignes et découper le plus juste qu'il est possible.

Au moment de faire l'opération, on applique ce portrait sur celui dont on veut faire le fond, qui se trouve ainsi à couvert et ne craint plus de noircir; on va donc alors dégrader son fond sans aucune crainte.

Le fond doit être fait aussitôt après l'épreuve retirée du châssis et avant le fixage.

Nous ne faisons ce fond que dans le cas où celui qu'a donné le collodion lui-même est mauvais et pour nous éviter de recommencer une épreuve. Toutes les fois qu'on a un beau fond au collodion, il vaut mieux ne pas en faire.

Il se comprend que toutes les opérations qui sont faites avec le papier nitraté doivent être faites à l'obscurité, surtout si l'on regarde l'épreuve; si elle était ainsi regardée un grand nombre de fois au jour, elle prendrait une teinte grisâtre qui la rendrait beaucoup plus faible.

Les épreuves sur papier blanchissant dans les bains fixateurs, il faudra toujours les faire au moins un quart plus noires qu'on ne veut les obtenir.

# CHAPITRE XIV.

**Fixage des épreuves positives.**

Aussitôt le fond positif terminé, ou, si on ne fait pas de fond, aussitôt l'épreuve tirée, elle doit de suite être fixée; pour cela, dès qu'elle est retirée du châssis, on la transporte pendant 2 minutes dans une bassine contenant de l'eau ordinaire filtrée, on remue continuellement pendant ce temps. Bien faire attention qu'il ne se forme aucune cloche ni bulle d'air, ce seraient autant de taches sur les épreuves. Au bout de 2 minutes, retirer l'épreuve de l'eau et la transporter dans le bain fixateur suivant :

Eau distillée.............  100 grammes.
Hyposulfite de soude......   15     —

dans lequel on la laisse de 35 à 45 minutes, en ayant soin de remuer de temps en temps, pour que les épreuves se trouvent toujours complétement imprégnées de la solution.

Du reste, le temps que doit rester l'épreuve dans ce bain ne peut être complétement déterminé. Lorsqu'en regardant par transparence on n'aperçoit plus de trace de nitrate d'argent, qui se reconnaît lorsque le portrait est rempli d'un sablé noir, comme s'il était piqué dans toute sa surface; quand ceci est disparu, on doit retirer l'épreuve et la transporter dans de l'eau ordinaire, dans laquelle on la laisse de 12 à 15 heures, en changeant très-souvent cette eau, pour dégager complétement l'épreuve de l'hyposulfite qui se trouve en quantité dans le papier et qui amènerait immanquablement une décomposition de l'épreuve. Il est à remarquer que le bain d'hyposulfite doit toujours être maintenu dans les conditions de force que nous indiquons; on ne peut se servir que d'un bain neuf : les vieux bains contiennent une certaine quantité de nitrate d'argent qui les empêche de fixer les épreuves. Règle générale, un bain, quand il a fixé de 20 à 25 épreuves, plaque normale, doit être rejeté.

# CHAPITRE XV.



**Des accidents qui arrivent au fixage;
de la décomposition des épreuves.**

La première cause pour laquelle l'épreuve
positive s'effacera est si le bain d'hyposulfite
de soude est vieux, s'il n'est pas assez ou s'il est
trop fort, trois causes qui, l'une comme l'autre,
amèneront une détérioration des épreuves;
peut-être même les verra-t-on partir complétement.

Un bain d'hyposulfite doit toujours être tenu
au degré de 15 %, ni plus ni moins, ne jamais
fixer plus de 20 à 25 épreuves, comme du reste
nous l'avons déjà dit.

Et surtout l'épreuve s'effacera, si, pour avoir
de beaux tons, on a ajouté à cet hyposulfite, ou
du nitrate d'argent, ou du chlorure d'or, qui
donnent, il est vrai, de fort beaux tons, mais

qui assurent la fixité avec beaucoup moins de certitude.

Si l'épreuve est restée trop longtemps dans l'hyposulfite, elle prendra des tons jaunes dans les blancs, qui proviendront d'excès de sulfure; elle ne peut manquer d'être rongée par ce même sulfure, quand même on répéterait les lavages infiniment; l'hyposulfite est entré dans les pores du papier, il n'en sortira pas.

Quelques artistes fixent avec la solution suivante :

Solution de chlorure d'or à 1 gramme dans un litre d'eau.................... 100 grammes.
Hyposulfite de soude......... 15 —

Cette solution, à laquelle on donne le nom de virage, donne des tons magnifiques; mais la fixité ou durée de l'épreuve nous est beaucoup moins assurée que par le bain indiqué chapitre XIV, à l'aide duquel nous avons fixé des épreuves que nous conservons depuis plus de dix ans.

Les épreuves s'effaceront, si, après être sorties du bain d'hyposulfite, on les laisse dans l'eau pendant plusieurs jours; dans ce cas on reconnaît qu'elles s'effaceront, lorsqu'on les voit prendre des tons jaunes semblables à ceux d'une épreuve passée.

L'humidité est donc très-mauvaise pour les épreuves sur papier, nous nous en sommes aperçu maintes fois.

Les épreuves disparaîtront aussi dans le cas contraire, si on ne les lave pas assez après le bain d'hyposulfite; elles doivent rester, nous l'avons déjà dit, pendant 12 à 15 heures dans de l'eau, qui doit être très-souvent changée et remuée. On doit tourner et retourner plusieurs fois les épreuves en tous sens, de manière à bien dégager le papier des sels de soude qu'il contient par suite de son séjour dans l'hypo-sulfite.

On ne doit pas placer non plus les épreuves, quand elles sont faites, dans le laboratoire où sont les produits chimiques : les vapeurs qui s'échappent de chacune de ces substances ont une influence très fâcheuse sur les épreuves.

Il faut surtout ne pas les placer en contact avec l'iode, qui les fait disparaître presque complétement.

Nous terminerons ce chapitre en recommandant aux artistes de bien faire attention à tous les accidents que nous leur avons signalés; en les évitant, ils sont à peu près sûrs d'avoir de bonnes et durables épreuves; c'est un travail très-minutieux qui demande beaucoup de soins.

# CHAPITRE XVI.



**Des soins à apporter au papier.**

Lorsqu'on est forcé de prendre le papier dans ses mains, n'importe dans quelle opération, il faut toujours avoir bien soin de le prendre très délicatement par un angle, entre le pouce et l'index ; ne jamais le toucher par le milieu, les doigts étant toujours humides occasionneraient des taches sur les épreuves, que l'on reconnaît du reste parfaitement bien, les stries des doigts s'y reproduisant ; mais les épreuves n'en sont pas moins gâtées. Il faut toujours, lorsqu'on va pour toucher le papier, avoir soin de bien se nettoyer les mains, afin qu'il ne s'y trouve pas de produits chimiques, qui produiraient des réactions et gâteraient les feuilles de papier.

Lorsqu'il s'agit de couper le papier, on doit ne pas en couper plus de 2 ou 3 feuilles à la fois, avoir un couteau coupant bien, plier le papier aux endroits où l'on veut le couper, et, mettant une feuille ou deux de papier garde-main pour empêcher de tacher celui qui se trouve en dessous, on appuie fortement afin qu'il n'y ait pas de déviation, et on coupe le papier.

On peut aussi, et cette méthode est peut-être la meilleure, marquer d'une raie au crayon l'endroit qu'on veut couper, et couper avec des ciseaux, en suivant toujours bien la ligne tracée.

Avoir bien soin, lorsque le papier salé est sec, de le mettre dans une boîte en carton, à l'abri de l'humidité, et de mettre le papier nitraté bien à l'abri de la lumière.

# CHAPITRE XVII.

## Composition des collodions pour négative et positive.

C'est après de nombreux essais et recherches exécutés sur les différents collodions mis en usage par nos meilleurs praticiens, que nous venons offrir aux artistes et amateurs deux nouvelles compositions de collodion pour négative et positive, qui nous ont constamment donné de bons résultats ; ce sont celles qui, de toutes les compositions employées jusqu'à ce jour, nous ont paru réunir au plus haut degré toutes les conditions désirables : rapidité d'opération, facilité dans les manipulations, ces collodions étant très solides sur les glaces, et résultats magnifiques comme épreuves, voilà quels sont les titres qui les recommandent à tous les artistes et amateurs. Quant à nous,

nous en conseillons l'emploi à tous ceux qui s'occupent sérieusement de photographie.

Suivent les compositions des différents collodions :

## § 1er.

### COLLODION POUR NÉGATIF.

Mettre dans un flacon les solutions suivantes. :

| | |
|---|---|
| Ether rectifié........... | 40 grammes. |
| Coton azotique.......... | 1 — |
| Alcool à 40°............. | 4 — |

| | |
|---|---|
| Ether rectifié........... | 50 grammes. |

| | |
|---|---|
| Alcool à 40°............ | 10 grammes. |
| Iodure de potassium...... | 1 — |

| | |
|---|---|
| Alcool à 40°............ | 6 grammes. |
| Iodure ammoniaque....... | 1 — |

Bien remuer toutes ces solutions ensemble, laisser reposer 10 à 12 heures, décanter et ajouter 20 grammes alcool à 40 degrés après que tout est fini.

## § 2.

### COLLODION POUR VERRE POSITIF ET TOILE.

| | | |
|---|---|---|
| Ether rectifié.............. | 90 | grammes. |
| Coton azotique............. | 4 | — |
| Alcool à 40°............... | 10 | — |

Ajouter les substances suivantes :

| | | |
|---|---|---|
| Iodure ammoniaque........ | 6 | décigrammes. |
| Id.   cadmium.......... | 4 | — |
| Bromure ammoniaque ..... | 2 | — |
| Id.   potassium....... | 1 | — |
| Id.   cadmium....... | 1/2 | — |

Dissoudre tous ces produits dans 25 grammes alcool à 40 degrés, dont on fait deux portions ; on fait dissoudre dans l'une les iodures et dans l'autre les bromures, qui ne doivent pas dissoudre ensemble.

Laisser reposer 5 ou 6 heures, décanter.

# CHAPITRE XVIII.

## Composition du coton-poudre.

Voici la méthode qui , après de nombreux essais, nous a paru préférable pour cette opération :

Dans un flacon à large ouverture, bouché à l'émeri, ou bien encore dans un verre à boire d'une grande capacité, on met :

    Acide sulfurique............. 1,000 grammes.
    Azotate de potasse (salpêtre réduit
        en poudre très-fine)........  550    —

Prendre une baguette en verre et s'en servir pour agiter le mélange, jusqu'à ce que l'on ait pu former ainsi une bouillie liquide et filante.

Ajouter par portion 30 grammes de beau coton cardé , le plus beau qu'il soit possible de trouver.

Chaque fois qu'on ajoute du coton, remuer le flacon, de manière que la portion ajoutée se trouve de suite imprégnée de liquide.

Lorsque tout a été introduit, laisser reposer 5 minutes environ, et mettre la masse entière dans un verre plein d'eau. Bien laver dans cette eau que l'on change sept ou huit fois, et lorsque le sel de potasse est complétement disparu, qu'on ne le sent plus sous les mains, on serre le coton, afin d'en exprimer le liquide.

Pour faciliter l'évaporation de l'eau, on presse le coton dans un linge, ensuite on l'étend bien, de manière que l'air pénètre facilement dans toutes ses fibres.

Il faut apporter beaucoup de soins dans le choix du coton ; s'il se trouvait dedans des peluches noires ou autres matières, il faudrait les retirer avec soin ; aussi doit-on le bien examiner avant de lui faire subir l'opération. Ce coton-poudre, ainsi préparé, est propre à être dissous dans le mélange d'éther et d'alcool qui sert à faire le collodion.

## PRÉPARATION DU COLLODION DU COMMERCE
## OU PHARMACEUTIQUE.

Prendre du coton-poudre dont la composition est donnée ci-dessus, ou bien encore le prendre tel qu'on le rencontre chez les marchands de produits chimiques et pharmaciens, en mettre dans un flacon, verser dessus de l'éther rectifié en saturation, et mettre environ 3 p. 100 d'alcool à 40 degrés, soit :

Ether................ 150 grammes.
Alcool à 40°............ 5 — environ.

Faire dissoudre le tout ensemble. Ce collodion ne peut être employé pour faire des épreuves, il est seulement pour les personnes qui veulent emporter une grande quantité de collodion dans peu d'espace; pour l'employer, il faut y ajouter de l'éther et de l'alcool jusqu'à ce qu'il soit assez liquide; on ajoute ensuite les iodures et les bromures indiqués plus haut, soit pour négatif, soit pour positif.

# CHAPITRE XIX.

**Procédé pour faire rapidement des épreuves
sur papier.**

### PRÉPARATION DU PAPIER.

Mettre le papier du beau côté seulement sur
le bain suivant :

> Eau distillée............. 150 grammes.
> Acide chlorhydrique pur.... 50 —

Laisser la feuille sur ce bain pendant 10 minutes, la retirer et faire sécher, soit entre papier buvard, soit après une épingle.

Lorsqu'il est bien sec, le poser du même côté
que précédemment sur le bain suivant :

> Eau distillée............. 100 grammes.
> Nitrate d'argent.......... 8 —

Laisser 10 minutes sur ce bain, faire sécher
comme précédemment.

Lorsque le papier est bien sec, mettre le cliché qu'on veut reproduire dans le châssis posi-

6

tif, poser le côté préparé du papier sur ce cliché et faire l'épreuve.

Dans un beau temps, de 1 à 2 minutes suffisent;
par un mauvais temps, 3 ou 4 minutes; enlever
l'épreuve; elle n'est pas assez venue, cela ne
fait rien, ne pas s'en occuper, et la poser de
suite, du côté du portrait, sur une solution saturée d'acide gallique; la laisser sur ce bain jusqu'à ce qu'elle soit bien venue, absolument
comme si on la consultait à la lumière.

Lorsqu'on la croit assez venue, la transporter,
pour la fixer, dans le bain suivant :

> Eau distillée............. 100 grammes.
> Hyposulfite de soude...... 15    —

On la laisse dans ce bain pendant environ
10 minutes; la transporter dans l'eau, où elle
doit rester un quart d'heure, en lavant bien et
changeant plusieurs fois d'eau.

Nous ne donnons cette méthode que dans le
cas où l'on serait pressé, car nous préférons toujours beaucoup faire les épreuves par les moyens
indiqués précédemment, dont nous sommes à
peu près sûr pour la fixité des épreuves.

# CHAPITRE XX.

**Produits chimiques nécessaires dans la photographie sur collodion.**

Tous les flacons dont on se sert pour les produits chimiques doivent être hermétiquement bouchés à l'émeri, pour éviter les évaporations.

Ils doivent être à large embouchure, pour plus de facilité dans la composition des bains.

Chaque flacon doit porter une étiquette indiquant l'espèce de produit qu'il renferme; il serait trop difficile de le reconnaître à première vue, et ce serait s'exposer à commettre bien volontairement des erreurs.

Lorsque dans un flacon presque vide il se forme comme un dépôt dans la partie basse, ou bien qu'on voit se détacher quelques parcelles çà et là, il faut de suite filtrer le liquide et nettoyer le flacon.

Il faut éviter avec grand soin de mettre des produits différents dans le même flacon, cela amènerait une décomposition des uns et des autres et la perte des produits.

Chaque produit doit aussi avoir son entonnoir particulier, ou bien alors il faudrait nettoyer avec un soin excessif et à grande eau celui qui servirait à toutes les solutions, après chaque service.

En ne négligeant aucune des recommandations que nous faisons sans cesse, on est toujours sûr d'obtenir un succès complet, de s'éviter des désagréments et des pertes d'argent.

Suit la liste des produits chimiques employés dans la photographie sur collodion :

Collodion du commerce.

Éther rectifié.

Alcool à 40 degrés.

Coton azotique.

Iodure de potassium.

Idem de cadmium.

Idem d'ammoniaque.

Bromure de cadmium.

Idem de potassium.

Bromure d'ammoniaque.

Nitrate ou azotate d'argent neutre.

Acide pyrogallique.

Acide acétique cristallisable.

Acide sulfurique pur.

Acide chlorhydrique pur.

Cyanure de potassium.

Hyposulfite de soude.

Chlorure de sodium.

Eau ordinaire.

Eau distillée.

Acide nitrique ordinaire.

Photogine.

Dextrine en dissolution pour coller les épreuves sur papier.

# CHAPITRE XXI.

**Du cabinet noir.**

Rien de plus facile à l'artiste que de se composer un cabinet noir; il devra prendre la plus petite pièce de son appartement, et autant que possible la plus sombre, boucher la fenêtre avec plusieurs doubles de papier noir que l'on colle dessus, de manière à ce qu'il ne passe pas la moindre lumière au travers. Le cabinet doit être garni de planches pour porter les flacons, boîtes et autres ustensiles dont on a besoin dans les préparations, et aussi pour accrocher le papier après des épingles et le faire sécher. Il serait bon, quoique cela ne soit pas indispensable, de faire peindre en noir l'intérieur du cabinet ainsi que les planches et autres objets qui en forment l'ameublement.

Le cabinet ne doit être éclairé que par une bougie très-faible, au moment des opérations; on peut même, si on veut, se servir d'un petit rat-de-cave. Nous avons déjà indiqué, chapitre II, la manière de composer le cabinet éclairé par des carreaux jaunes.

# CHAPITRE XXII.

## Collage des épreuves sur papier.

Lorsque les épreuves sont restées le temps convenable dans l'eau et qu'elles ont été bien dégagées de l'hyposulfite, on les enlève et on les fait sécher, soit après une épingle, soit en les pressant très fort dans du papier buvard.

Lorsqu'elles sont bien sèches, on les colle sur carton Bristol. Voici la manière de s'y prendre pour cette opération : prendre au bout d'un pinceau assez fort un peu de dextrine en dissolution peu épaisse, et passer légèrement, mais de manière cependant à bien en imbiber l'épreuve; mettre celle-ci sur le carton, une feuille de papier dessus, et frotter, pour unir, avec la paume de la main; prendre ensuite un fer à peine chaud et le passer sur l'épreuve,

pour l'unir complétement et aussi pour la sécher.

La dextrine est une poudre qu'on achète, soit
chez les marchands de couleurs ou ceux de
produits chimiques; on la fait dissoudre dans
l'eau tout simplement; il ne faut pas la faire
trop épaisse, elle formerait des épaisseurs qui
auraient de la peine à disparaître; il ne faudrait
pas non plus la faire trop claire, elle ne colle-
rait plus. Après un ou deux essais exécutés sur
papier simple, l'opérateur verra de suite à quoi
s'en tenir. Le moyen de la faire dissoudre est
simple : on verse de l'eau dans un flacon, on y
ajoute la dextrine, on remue jusqu'à ce qu'elle
soit dissoute.

# INSTRUMENTS.

---

## CHAPITRE XXIII.

**Objectifs. — Choix des verres.**

Comme il est de toute nécessité à toute personne qui exerce une profession de connaître
les instruments dont elle se sert pour pouvoir
en user avec avantage, nous allons entreprendre
de décrire un à un les principaux instruments
en usage dans la photographie.

De tous les instruments, celui que son utilité
porte au premier rang, c'est l'objectif.

### § 1er.

DE L'OBJECTIF PROPREMENT DIT.

Il faut avant tout bien se convaincre qu'il est
de toute impossibilité d'obtenir des épreuves

belles et vigoureuses avec un mauvais objectif ; si cet instrument n'est pas dans de bonnes conditions, on ne peut jamais obtenir que des portraits sans détails, sans aucune vigueur.

On distingue deux espèces d'objectifs : l'objectif à verres simples et l'objectif à verres doubles, achromatique ; le premier est presque complétement abandonné ; quant à l'objectif achromatique à verres doubles, système allemand, il est en usage chez presque la totalité des artistes.

Il est en cuivre, offrant une forme cylindrique et s'emboîtant à frottement dans un cylindre de même métal, fixé par des vis à la chambre noire ; il porte à chacune de ses extrémités deux verres doubles et combinés.

Une crémaillère à engrenage est fixée sur l'objectif et facilite la mise au point et au foyer des objets que l'on veut avoir ; en faisant tourner la vis d'engrenage sur elle-même, à droite et à gauche, on détermine le rapprochement ou l'éloignement des objets qu'on a en vue ; il se trouve un moment où ces objets apparaissent avec la plus grande netteté, offrant à l'œil les moindres détails dans les habits, les poils de la barbe de la personne qui pose ; c'est alors qu'il faut arrêter le mouvement de l'objectif ; on a trouvé le foyer ; en dehors de ce point, plus de portrait possible.

Enfin, citons comme dernière partie de l'objectif, partie indispensable qui le garantit de toute atteinte de la part des corps étrangers, une capsule en cuivre qui s'adapte à l'objectif et en ferme l'ouverture.

Les objectifs les plus généralement employés sont les objectifs allemands et français système allemand. Jusqu'à présent, nous avions toujours préféré l'objectif allemand au français ; mais comme depuis quelque temps on a fait beaucoup d'améliorations dans le système français, nous nous servons indistinctement de l'un ou de l'autre.

L'objectif allemand va plus vite et entraîne moins de temps de pose, mais aussi, à l'exception des quarts, les demies et toutes grandeurs au-dessus ont presque toutes deux foyers dans lesquels il faut chercher le véritable. On met au foyer, on voit le portrait bien net, et pourtant on tirerait l'épreuve qu'on n'aurait qu'une épreuve embrouillée, non au foyer; il faut, avec les objectifs allemands, lorsque la personne est bien au point, tirer, par le moyen de la crémaillère, un quart de centimètre environ d'objectif, afin d'aviver le foyer réel.

Du reste nous ne pouvons, sur ce sujet, rien dire de fixe ; il faudra plus ou moins tirer la crémaillère, suivant l'objectif; c'est à l'opérateur à faire plusieurs épreuves, pour s'en rendre compte, et, lorsqu'il aura trouvé son foyer véritable, de mettre ensuite toujours au même point.

L'objectif français est un peu plus lent que l'allemand, mais il n'a pas l'inconvénient que nous venons de signaler.

Nous préférons nous servir d'un objectif français, système allemand, à long foyer, lorsqu'il s'agit de reproduire des paysages ou monuments.

Dans les objectifs à deux foyers, on peut, lorsqu'on a trouvé le véritable, tracer à l'extérieur une petite ligne qui permette de reconnaître de suite le point où l'on doit mettre lorsqu'on veut s'en servir; par ce moyen, on évite toute erreur et perte de temps.

## § 2.

### CHOIX DES VERRES.

Le plus grand soin doit être apporté dans le choix des verres de l'objectif ; ils doivent être autant que possible exempts de petites bulles noires, qu'on y rencontre quelquefois ; cependant ceci ne doit pas être admis comme règle générale, ce serait quelquefois s'exposer à rejeter un très bon objectif. Celui dont nous nous servons est criblé de petits points, et cependant nous obtenons avec lui de fort bonnes épreuves.

On se sert d'objectifs des grandeurs suivantes : 1/6, 1/4, 1/2, plaque entière et double plaque entière.

# CHAPITRE XXIV.

## Chambre noire.

La chambre noire se compose d'une boîte
à six faces. La face antérieure porte l'objectif :
sur cette face se trouve une ouverture circulaire à peu près de la grandeur de l'ouverture
de l'objectif ; la face postérieure est ouverte et
laisse passage à une autre boîte qui s'emboîte
à frottement dans la première, mais dont les
faces antérieures et postérieures sont ouvertes.
Aux extrémités des faces latérales de la seconde boîte, est pratiquée une rainure verticale, destinée à recevoir une glace dépolie, sur
laquelle on reçoit l'image renversée de l'objet
ou du portrait, et plus tard le châssis contenant
la préparation. La face inférieure de la première
est plus grande que les autres et porte deux
rainures entre lesquelles on fait glisser la boîte
qui reçoit le châssis. Une fente dans la partie
du milieu de la face inférieure donne passage

à un petit bouton en cuivre, au moyen duquel on éloigne ou on rapproche les objets, lorsque l'objectif seul ne suffit pas.

Quelques artistes remplacent la chambre noire par la chambre blanche. L'intérieur de cette dernière est blanc au lieu d'offrir une couleur noire comme la première.

Nous préférons nous servir de la chambre noire. On peut aussi se servir d'une chambre noire à soufflet ; ce système est très bon lorsqu'il s'agit de reproduction de peintures, photographies ou autres, attendu que le soufflet, qui s'allonge considérablement, facilite beaucoup plus le rapprochement ou l'éloignement des objets à reproduire.

Pour l'artiste qui veut avoir une chambre noire exprès pour faire les reproductions, il peut la faire faire en bois comme ordinairement ; seulement il devra y faire ajouter un tiroir beaucoup plus long que celui qui existe aux chambres noires ordinaires, de manière à pouvoir opérer plus facilement la mise au point des objets à reproduire.

# CHAPITRE XXV.

## Pied à boule-rotule.

Le pied à boule-rotule est destiné à porter
la chambre noire sur trois pieds d'égale longueur et portant chacun au milieu une charnière ployante, qui permet de fléchir le pied
sur lui-même et d'en faciliter le transport. Cette
charnière est fixée à une pièce de bois dont
l'intérieur est taillé en circonférence et renfermant une boule sur laquelle est posée la table
ou plan qui doit recevoir la chambre noire.

Une forte vis en bois vient serrer cette boule,
et permet, en la faisant jouer, de donner à la
chambre noire la direction qui lui convient.

Les pieds sont traversés à leur partie supérieure par une lame de cuivre autour de laquelle

ils peuvent facilement se mouvoir, et dont les deux extrémités sont fixées à la chambre noire dont nous avons parlé chapitre XXIV.

# CHAPITRE XXVI.



Le châssis destiné à faire les épreuves négatives se compose de quatre montants en bois
disposés en carré, et dont les côtés sont préparés de manière à pouvoir entrer dans une
rainure pratiquée à la chambre noire et dont
nous avons parlé précédemment.

Au milieu de cette pièce de bois se trouve
une rainure verticale, dans laquelle passe une
planchette servant à couvrir la glace préparée,
et qu'on soulève pour donner accès aux rayons
lumineux et obtenir l'épreuve négative.

A l'extrémité supérieure de cette planchette
sont placées deux charnières ployantes, qui
permettent de l'abattre sur la chambre noire
et l'empêchent de retomber au devant de l'é-
preuve pendant le cours de l'opération.

A la partie postérieure du châssis se trouvent deux échancrures propres à recevoir une planchette soit en ardoise, soit en bois, qui recouvre l'épreuve de ce côté.

Nous préférons nous servir d'ardoise, le bois ayant toujours le désagrément de se gonfler par l'humidité et de ne pouvoir ensuite entrer dans le châssis. Cette planchette, bois ou ardoise, est arrêtée par quatre petites pattes en cuivre qui en préviennent la chute et le passage de la lumière. On peut aussi se servir de châssis en bois d'une seule pièce, c'est-à-dire que la planchette qui recouvre la glace est attachée après le dessus du châssis par deux charnières ployantes.

Le bois ne se gonfle pas, attendu qu'il ne touche pas à la glace et qu'il y a deux ressorts en acier qui servent à faire pression sur la glace et la retiennent solidement dans le châssis. Ce système est très bon ; c'est celui que nous employons pour les grandes épreuves.

# CHAPITRE XXVII.


**Châssis pour faire l'épreuve positive sur papier.**

Ce châssis forme une boîte carrée en bois
dont le fond est rempli par une glace qui le
parcourt dans toute son étendue; dans la partie haute du châssis se trouve une rainure dans
laquelle on introduit deux planchettes cou-
vrant chacune la moitié du châssis; sur chacune de ces planchettes se trouvent deux vis en
bois destinées à opérer pression sur les épreuves
lors de leur exposition à la lumière; sur la glace
qui forme le dessous du châssis, on place
l'épreuve négative le dos à la lumière, le côté
préparé du papier est ensuite posé dessus; on
recouvre ces deux épreuves du drap noir du
châssis, sur lequel on fait passer deux moi-
tiés de glaces, bien fixées l'une à l'autre; puis

après avoir introduit les deux planchettes ou couvercles dans la rainure, on serre les vis pour faire pression; il faut avoir soin que cette pression ne soit pas trop forte, les glaces se briseraient; si on ne l'exerçait pas assez, l'épreuve ne serait pas nette, il n'y aurait qu'un portrait flou sans aucune vigueur.

# CHAPITRE XXVIII.



Le châssis dont on se sert pour faire les fonds
à la lumière est le même, à peu de différence
près, que celui employé pour obtenir les
épreuves positives ; la forme est absolument la
même ; il se compose d'un fond en bois non
mobile ; sur ce fond on en adapte un autre, mobile, recouvert d'un drap noir ; il est fermé
par une porte à charnières, garnie intérieurement d'une glace sans bulle et à laquelle on ne
doit pas laisser la poussière se fixer. Avant de
s'en servir, la nettoyer avec soin avec une peau
très-propre, sous peine de gâter son épreuve ;
quatre petits crochets retiennent ce couvercle.
Voici leur distribution : deux sur l'avant et un
sur chaque côté. Pour s'en servir, on place

d'abord l'épreuve positive la face à la lumière, on la recouvre d'une silhouette dont nous avons déjà parlé chapitre XIII, qui laisse exactement le fond à découvert, ni plus ni moins. On prend le châssis, et au moyen de quatre vis placées sur le fond, on fixe solidement l'épreuve et la silhouette de manière à ce qu'il n'y ait aucune déviation de l'une ou de l'autre, ce qui occasionnerait sur l'épreuve une raie blanche d'un côté et de l'autre une raie noire. Quand les deux épreuves sont ainsi bien fixées l'une à l'autre, on va faire l'opération du fixage comme nous l'avons indiqué au chapitre XIII.

# CHAPITRE XXIX.

**Instruments nécessaires à la photographie.**

L'artiste ne doit jamais s'engager dans aucune opération, si auparavant il ne s'est assuré qu'il a à sa disposition tous les instruments nécessaires à son travail; car, au milieu d'une opération, si une pièce vient à lui manquer, s'il ne peut se la procurer sur-le-champ, il est certain qu'il ne peut ni ne doit attendre aucun succès.

Pour qu'un accident de ce genre n'arrive pas, nous allons indiquer sommairement les instruments en usage dans la photographie; ce sont :

Une chambre noire et son objectif.

Pied à boule-rotule.

Cuvettes porcelaine et gutta-percha.

Balance de précision et ses poids.

Papier à filtrer.

Papier joseph ou de soie.

Papier positif.

Glaces.

Un appui-tête.

Fer à repasser.

Entonnoirs en verre.

Bouteilles d'eau.

Boîtes pour mettre les glaces polies.

Boîtes pour mettre les clichés.

Châssis pour les négatives.

Châssis pour la reproduction des épreuves positives.

Châssis pour fonds positifs.

Carton à coller les épreuves.

Rouge indien.

Soucoupe pour le rouge indien.

Peau de daim ou chamois.

Flacons bouchés à l'émeri.

Boîtes en carton pour les papiers salés et nitratés.

Papier buvard blanc.

# CHAPITRE XXX.



On distingue deux espèces d'appui-tête : les appui-tête en bois, qui, étant très légers, sont préférables pour les artistes qui voyagent, et les forts appui-tête en fer, qui sont d'un grand poids et ne peuvent convenir qu'aux artistes stationnaires.

L'appui-tête en bois est ainsi construit :

Deux bâtons plats, dont un avec rainure au milieu, s'adaptent de chaque côté du dossier d'une chaise ; ils sont tenus ensemble par deux vis de pression en cuivre ou fer, qui passent dans la rainure de l'un et dans deux trous pratiqués dans l'autre ; le bâton qui porte une rainure se continue plus haut ; là se trouve une forte pièce de bois dans laquelle on a pratiqué

un trou et où passe un autre bâton plus petit
et rond ; il tient après l'autre par le moyen
d'une vis en bois ; en haut ce bâton devient
gros ; il y a un trou au milieu, de manière à
passer horizontalement un autre bâton rond,
terminé par une pièce de bois taillée en demi-
cercle pour appuyer la tête du modèle, dans
laquelle celle-ci vient se solidifier au moment
de la pose ; on peut, si on veut, garnir en cuivre
l'endroit destiné à soutenir la tête.

L'appui-tête en fer offre le mécanisme suivant :

Trois bâtons en fer recourbés en bas de manière à être solides à terre, montent comme
pour se rejoindre en forme de pyramide ; ils ne
se rejoignent cependant pas complétement ; il
se trouve une pièce de fer dans laquelle passe
un autre bâton en fer soutenu par une vis ; il
vient tomber juste entre les trois autres plus
bas, et est terminé par une boule en fer. Ce
bâton en porte lui-même un autre plus petit
horizontal tout à fait en haut ; au bout de ce
petit bâton se trouvent deux branches en fer
disposées en demi-cercle pour soutenir la tête,

comme pour l'appui-tête en bois. On peut agrandir ou diminuer ce cercle, selon la grosseur de la tête, par le moyen d'une petite vis qui se trouve placée en dessus. On peut avancer ou reculer la branche qui supporte le demi-cercle en fer, par le moyen d'une autre vis placée également dessus.

Les trois bâtons d'appui dont nous avons parlé en commençant sont eux-mêmes soutenus par trois autres petits, qui se rejoignent de l'un à l'autre presque en bas.

# COLORIS DES ÉPREUVES PHOTOGRAPHIQUES.

## COLORIS SUR PAPIER.

---

## CHAPITRE XXXI.

### Coloris à l'aquarelle.

### § 1er.

### DÉTAIL DES COULEURS ET PINCEAUX NÉCESSAIRES. DESCRIPTION DU PUPITRE.

Les couleurs nécessaires au coloris des épreuves photographiques à l'aquarelle sont les suivantes :

Blanc d'argent.

Rouge de Saturne.

Jaune de Naples.

Vermillon n° 1.

Carmin extra.

Laque garance rose.

Ocre jaune.

Jaune d'or.

Jaune de chrome.

Jaune indien.

Gomme-gutte.

Brun-rouge.

Terre de Sienne brûlée. — Idem naturelle.

Carmin brûlé.

Outremer.

Indigo.

Cobalt.

Bleu de Prusse.

Vert végétal.

Cendre verte.

Vert émeraude.

Sépia.

Teinte neutre.

Sang de dragon.

Noir d'ivoire.

Encre de Chine.

1 coquille d'or.

1    id.    d'argent.

1 flacon de gouache blanche liquide, que nous préférons à celle en tablettes.

Depuis longtemps nous avons renoncé à l'emploi des couleurs en pastilles, celles en tablettes nous ayant paru préférables sous tous les rapports. Nous choisissons pour nos retouches les couleurs les plus fines, qui par conséquent donnent le plus de fraîcheur aux teintes; il faut surtout prendre un grand soin pour trouver le carmin extra, l'outremer et la laque, d'une finesse convenable; ce sont des couleurs qu'il est difficile de trouver bien bonnes dans le commerce, elles se vendent d'ailleurs fort cher.

Nous employons une encre de Chine que l'on trouve en fortes tablettes, enveloppée dans du papier doré et venant de Chine; nous préférons celle-ci à celle en petits bâtons, qui n'est presque toujours qu'une contrefaçon de l'autre.

Nous nous servons de pinceaux en martre rouge ou noire; nous préférons pourtant ceux en martre rouge bien fins, pour les têtes. Il faut toujours avoir soin de les choisir fermes du bout et formant bien la pointe : pour la tête, nous préférons toujours les pinceaux fins aux gros, même quand ceux-ci auraient une pointe très fine.

Pour les vêtements et les fonds, on peut très-bien aussi se servir de pinceaux en plume de pigeon ; ceux-ci, étant très-mous, sont surtout préférables pour coucher les teintes des fonds ; on doit les choisir assez forts pour cet emploi.

On doit avoir un pupitre en bois, recouvert d'un drap vert foncé, pour ne pas fatiguer les yeux ; ce pupitre doit avoir environ 40 centimètres de hauteur sur 50 de largeur. Il y a en dessous du pupitre, à une de ses extrémités, deux charnières ployantes qui servent à tenir une sorte de crémaillère en bois qui se trouve posée sur une table ; vers le milieu du pupitre, par derrière toujours, se trouve une petite tringle en bois, qui, venant poser sur un des crans de la crémaillère, donne ainsi à volonté une position plus ou moins inclinée au pupitre.

## § 2.

### DES FIGURES.

Avant de commencer à colorier, il faut d'abord s'entourer de tous les objets nécessaires, tels que couleurs, pinceaux, palette en porcelaine ou faïence, un verre plein d'eau pour laver les pinceaux, etc.

Quand on a à colorier une tête, soit d'homme, d'enfant ou de femme, du moment que ce ne sont pas des tons recommandés très-chauds ou très-pâles, on doit toujours passer la première teinte ou teinte locale, composée de rouge de Saturne et jaune de Naples, dans des proportions suivant le teint à reproduire. Cette teinte est passée généralement, sans rien excepter. Aussitôt qu'elle est à peu près sèche, prendre un peu de vermillon et de laque garance rose en très-petite quantité et très-claire dans le pinceau, passer légèrement sur les joues et les lèvres, plus ou moins suivant le teint de la personne.

A toutes les personnes qui commencent à retoucher la photographie, le même accident arrive toujours dans les têtes : on mouille trop et l'on rend le papier mâché; il se gruaute, s'enlève, et l'épreuve est perdue sans aucune ressource. Il faut donc passer des teintes très-légères, sans appuyer sur le papier, et bien attendre qu'une teinte soit sèche avant d'en passer une autre.

Il est à observer qu'il faut toujours que les teintes, soit pour les habits, soit pour la figure, soient très-claires ; ce ne doit être, pour ainsi dire, qu'une eau teinte ; en prendre toujours peu dans le pinceau ; on peut très-bien revenir quand il n'y en a pas assez ; lorsqu'on a gâté l'épreuve en forçant le ton de couleur, il devient presque impossible de la réparer.

Ceci dit une fois pour toutes, revenons au coloris de la tête. Pour retoucher les ombres et les demi-teintes, suivant que l'on veut obtenir plus ou moins de vigueur, on emploie ou du brun-rouge ou de la terre de Sienne brûlée, ou bien encore ces deux tons mélangés adoucis par un peu de sépia.

Lorsqu'il arrive que dans les épreuves il y a des ombres très-noires, comme, par exemple, sous les sourcils ou bien au cou, il faut employer une légère teinte de rouge de Saturne, qui donne de la transparence à ces ombres et les rend couleur chair, presque sans avoir besoin d'y retoucher. Éviter toujours dans les couleurs de la figure d'employer du blanc, qui empâte et donne un ton lourd, sans finesse ni transparence, et fait presque toujours perdre la ressemblance, en effaçant, ce qui est l'expression du portrait, les ombres et les demi-teintes; cette couleur est très-mauvaise sous tous les rapports. Au bout de quelque temps les épreuves qui auront été coloriées avec du blanc prendront une couleur terne et disparaîtront presque entièrement, surtout si elles se trouvent au soleil.

La ressemblance étant l'apanage de la photographie, on comprend que le retoucheur ne doit y toucher en aucune manière; laisser les traits tels que les a donnés l'appareil, et suivre, en mettant sa couleur, les effets de lumière et d'ombre qui existaient dans l'épreuve sans retouches.

Pour la retouche des yeux, nous ne saurions trop recommander un soin extrême. En appliquant la couleur désignée, ne pas toucher du tout au point visuel, que la photographie donne presque toujours parfait. Les yeux étant l'âme du portrait, c'est là que le retoucheur doit prendre le plus de soin pour ne rien détruire; si, par exemple, on a des yeux gris clair à reproduire, et que les yeux soient venus foncés sur l'épreuve, on prendra un peu de cobalt, du blanc et une pointe de jaune de chrome; passer sur l'œil, en observant le plus possible les dessins qui s'y trouvent; marquer le point noir de l'œil avec du noir et bleu; le point visuel se fait avec blanc pur. La même méthode pour n'importe quelle couleur; il faut toujours un peu de blanc dans les teintes, du moment que les yeux sont clairs et que l'épreuve est venue noire.

Lorsqu'on a à reproduire des tons très-chauds, il faut employer de la terre de Sienne brûlée avec un peu d'ocre jaune pour la teinte générale, et revenir sur les ombres très-vigoureusement, avec de la terre de Sienne mélangée de sang de dragon. Pour ces tons, il n'y a aucune couleur fraîche à mettre sur les joues; seulement, bien faire ressortir les détails et les demi-teintes.

Pour des tons très-frais, pour des enfants par exemple, il faut employer comme ton général du rouge de Saturne, avec une pointe de laque;

revenir avec de la laque rose seule pour les joues, afin de donner un ton frais ; faire les ombres avec brun-rouge et rouge de Saturne, mais beaucoup moins accentuées que pour les tons chauds ; on peut même mélanger un peu de cobalt en très-petite quantité, surtout pour les demi-teintes.

Nous ne pouvons prévoir tous les tons qui se rencontrent ; mais ce n'est toujours que plus ou moins de vigueur à mélanger à ceux que nous avons indiqués, qui du reste se rencontrent le plus généralement.

Les mains du portrait doivent être faites avec les tons de la figure ; on retouche les ombres de la même manière que celles de la tête. Il faut toujours observer, comme dans la tête, que les tons de couleur ne soient pas trop forts.

§ 3.

### DES CHEVEUX.

Les cheveux noirs se font, pour ce qui est de la teinte générale, avec noir d'ivoire et indigo ; la demi-teinte, avec du noir et de la sé-

pia ; les ombres, avec un mélange de noir cobalt et sépia ; les lumières se font avec très-peu
de blanc et une pointe de cobalt.

Les cheveux bruns se font de même, en mettant moins de noir dans les tons et ajoutant un
peu de teinte neutre.

Pour les cheveux châtains, une teinte générale composée de sépia et ocre jaune; les demi-
teintes, sépia et encre de Chine; les ombres,
du noir sépia et une pointe de cobalt. Bien
conserver les lumières qui se trouvent faites
par la teinte générale.

Pour les cheveux blonds, la teinte locale se
fera avec un mélange de terre de Sienne naturelle, ocre jaune, un peu de cobalt; si les cheveux sont blond foncé, ajouter un peu de laque;
si au contraire ils sont blond clair, forcer en
terre de Sienne, ajouter même un peu de
jaune de Naples dans les lumières.

Pour les ombres, le ton général renforcé par
un peu de sépia; la demi-teinte, terre de Sienne
et cobalt.

Les cheveux roux s'obtiennent avec un mélange de terre de Sienne et très-peu d'ocre

jaune. Les ombres se feront avec le ton général renforcé d'une pointe de cobalt; les lumières, terre de Sienne et très-peu de jaune de Naples.

Pour les cheveux blancs, l'épreuve les donne presque comme ils doivent être pour les lumières; il n'y a simplement qu'à faire les ombres et les demi-teintes, qui se font : les premières avec un peu d'ocre jaune et cobalt, en ajoutant un peu de sépia pour les grandes vigueurs; les secondes, avec encre de Chine et blanc; la teinte doit être excessivement peu foncée.

Il est presque toujours inutile de toucher aux lumières; cependant, dans les parties les plus éclairées, on peut mettre quelques touches de gouache blanche en bouteille : n'en mettre que très peu, le blanc faisant toujours un effet un peu lourd.

## § 4.

### DES VÊTEMENTS.

Si ce sont des vêtements noirs qui soient à reproduire, on doit commencer par bien mar-

quer les ombres avec du noir et indigo ; composer ensuite une teinte fort peu épaisse, afin
de ne pas empâter, composée de noir d'ivoire
et indigo ; passer vivement cette teinte en commençant par en haut, et suivant toujours sans
lâcher un seul instant ; cela occasionnerait des
taches et des lignes dans les habits. Lorsque cette
teinte est passée, bien faire attention si elle
est assez foncée ; si elle ne l'est pas assez, en
passer une seconde, en ayant bien soin de ne
pas perdre les plis de la photographie, qui sont
les plus naturels, et qui évitent aussi beaucoup
de travail ; car on serait forcé de les refaire en
dessus si par malheur on les avait perdus.

Lorsqu'on trouve la teinte assez foncée, marquer les plis en dessus de manière à ce qu'ils
sortent bien. On peut aussi employer de la
gomme arabique pour les faire sortir ; cependant, comme cela occasionne un vernis qui
n'est pas toujours très-agréable, lorsque les plis
font assez d'effet il vaut mieux ne pas en employer.

Pour bien faire sortir, on peut aussi mettre
dans les lumières quelques touches de blanc

modéré par un peu d'encre de Chine ; il ne faut cependant pas abuser de ce moyen.

Les pinceaux qui servent pour les vêtements en général doivent toujours être un peu forts, afin de conserver toujours la quantité de couleur nécessaire.

Pour les vêtements de satin ou velours noir, on ne peut pas se dispenser de mettre du blanc dans les lumières, quelquefois même en assez grande quantité pour imiter l'effet de la soie ; dans ce cas-là aussi on peut employer la gomme sans inconvénient ; elle imite même assez bien le brillant nécessaire.

Les étoffes blanches se font avec une extrême précaution ; on les traite de la manière suivante :

On ne doit toucher aux lumières que dans le cas où elles seraient sans aucune demi-teinte, et alors on y passe une eau à peine colorée d'ocre jaune. Les plus forts plis se font avec de l'ocre, une pointe de cobalt et sépia , ou bien encore terre de Sienne brûlée.

Il est bien entendu que toutes ces couleurs doivent être mises dans des quantités excessivement faibles, de manière à former un ton jaunâtre à peine indiqué. On les emploie surtout pour les dentelles et quelques mousselines, et encore pour les cachemires. Les retouches indiquées par les ombres de la photographie seront faites avec le même ton, mais plus épais. Le cobalt sera employé en plus grande quantité avec la sépia.

La teinte générale des étoffes bleues se fait avec l'outremer, bleu de Prusse ou cobalt, suivant les tons ; du reste, quels que soient les tons, il doit toujours y entrer un peu de cobalt et une petite pointe de laque rose. Le même ton sert pour les retouches et les ombres, seulement on y ajoutera un peu de brun pour avoir la teinte plus forte ; les lumières se font avec un peu de blanc mélangé à peu de cobalt ; pour les ombres qui se trouvent plus fortes, employer le bleu de Prusse mélangé à de l'encre de Chine.

Les vêtements roses s'obtiennent en mélangeant, pour la teinte générale, soit du carmin ou de la laque, suivant que le ton est plus ou moins foncé. Dans les deux cas, pour les ombres, on doit ajouter une teinte de noir qu'on épaissit suivant la force des ombres ; on peut encore y ajouter un peu de sépia et de cobalt pour les ombres les plus fortes. Les lumières se font avec le ton général, auquel on mêle du blanc pour donner du brillant.

En mélangeant du jaune d'or avec du bleu de Prusse on obtient un vert brillant qui sert pour la teinte générale des vêtements verts. Pour les ombres, ajouter un peu de terre de Sienne brûlée : le ton est moins dur ; les lumiè-res, avec de la cendre verte et du blanc dans les parties les plus lumineuses.

Pour obtenir de beaux effets de soie verte ou velours, on doit se servir de vert végétal mé-langé avec une pointe de vert émeraude. Les ombres se font avec le premier ton mélangé à du bleu de Prusse ; les lumières très brillantes, surtout pour le velours, avec de la cendre verte mélangée à du blanc, quelquefois même du blanc pur. On peut aussi gommer dans les ombres pour les vêtements verts, on obtient un très joli effet.

Pour obtenir de beaux tons de vêtements rouges, mélanger du vermillon et de la laque ou du carmin, suivant le ton ; si c'est une couleur rouge clair, la laque doit être employée ; si c'est au contraire couleur sang, on doit se servir de carmin ; si le rouge a l'apparence dorée, ajouter un peu d'ocre jaune.

Les ombres avec le même ton ; y ajouter un peu de noir pour le faire plus vigoureux. Les lumières n'ont presque pas besoin de retouches, cependant on peut y ajouter un peu de vermillon lorsque le vêtement est en soie.

Pour les étoffes marron, un peu de brun rouge mélangé à la terre de Sienne brûlée. Les ombres, le même ton plus fort ; du sang de dragon et sépia dans les plus fortes ; on peut même ajouter un peu de noir. Pour les lumières, un peu de blanc mêlé à de la terre de Sienne brûlée.

Le violet se compose avec un peu de bleu de Prusse et de carmin pour la teinte générale ; les retouches, avec du carmin brûlé et une pointe de Sépia ; les lumières, carmin et blanc.

Lorsque les ombres sont très fortes, on ajoute au ton ci-dessus un peu de bleu d'outremer.

Les étoffes grises se font, suivant le ton, avec du bleu de cobalt très clair, du bleu mêlé à un peu de noir, du brun, une pointe d'ocre jaune ou bien un peu de cobalt avec une pointe de terre de Sienne brûlée pour le gris souris. Dans tous les cas, les ombres se font avec le même ton plus fort en bleu, et les lumières, telles qu'elles sont, avec quelques touches de blanc mêlé au ton primitif.

C'est au goût de quiconque retouche, à saisir les nuances qui arrivent. On comprend que l'on doit employer les couleurs plus ou moins foncées, suivant que les vêtements le sont plus ou moins.

Un bon moyen d'imiter les étoffes de laine lorsqu'on a fini le portrait, comme il est dit précédemment, c'est de prendre de la couleur qui a servi à faire le vêtement et de la mélanger avec un peu de blanc ; en prendre au bout d'un pinceau bien sec et passer cette couleur, qui se trouve ainsi presque sèche, dans les parties claires de l'étoffe ; la couleur ne prenant pas partout imite bien le tissu de la laine.

## § 5.

### DES FONDS ET ACCESSOIRES.

Dans une épreuve photographique, le portrait est toujours l'objet principal ; il faut donc éviter, en faisant les fonds et les accessoires, d'écraser le portrait en employant des couleurs trop voyantes ; il faut, au contraire, pour ce qui est du fond, rester un peu dans le vague. Si on a des rideaux à faire, éviter autant que possible que les rideaux fassent l'effet d'être sur le même plan que le portrait ; les lumières doivent être un peu ternes, afin de reléguer ces accessoires au moins au second plan, de manière que le portrait se trouve bien seul et détaché sur le devant du tableau.

Même recommandation pour les paysages. Si l'on a des fleurs à faire, ne pas leur donner toute la fraîcheur qu'elles ont en nature, car elles sembleraient avancer devant le portrait et le reléguer au second plan.

Si on a de l'or à faire, il faut commencer par passer une légère teinte de jaune indien et terre de Sienne brûlée; indiquer les ombres avec la terre de Sienne brûlée seule et revenir ensuite dans les lumières avec un peu d'or en coquille, un peu de blanc et jaune indien pour les points les plus lumineux.

Pour l'argent, composer la première teinte avec un peu de noir et bleu de cobalt, faire les ombres avec le même ton renforcé d'un peu de noir, revenir dans les lumières avec de l'argent en coquille et du blanc.

# CHAPITRE XXXII.

### Coloris des épreuves à l'huile.

On emploie absolument les mêmes couleurs
que pour l'aquarelle, seulement il est à observer que ce n'est pas comme pour la couleur à
l'eau : les tons ne changent pas de force en
séchant, ils restent tels qu'on les a mis. Du
reste, si on avait trop forcé en couleur, on
aurait la ressource de retoucher avec du blanc
pour diminuer les teintes qui seraient trop
fortes.

Avant de se mettre à peindre, il est indispensable de vernir l'épreuve ; si on travaillait
sans cela, le papier boirait l'huile et il serait
impossible de travailler.

Nous employons du vernis Cazalis, que l'on
trouve chez tous les marchands de couleurs ;
on le passe bien également partout avec un

fort pinceau, et lorsqu'il est bien sec on peut travailler sur le portrait sans inconvénients.

Si l'artiste se trouvait dans un endroit où il ne pourrait se procurer de vernis, on peut aussi se servir de gélatine qu'on fait dissoudre au feu et qui se passe sur le portrait de la même manière que le vernis.

Pour les tons de têtes, si ce sont des femmes ou des enfants, le ton se compose de vermillon laque et blanc, en parties à peu près égales ; il est à observer que le blanc, qui, dans l'aquarelle, est très-mauvais, joue, au contraire, un très-grand rôle, dans la peinture à l'huile, dans la tête et les vêtements. Il est impossible de faire une tête sans qu'il en entre dans les teintes.

Lorsque ce sont des hommes, ajouter pour le ton général de l'ocre jaune autant que de chacune des autres couleurs déjà indiquées. Nous faisons les joues avec du carmin, du vermillon et du blanc, en en prenant très-peu dans le pinceau ; le même ton plus pâle pour les lèvres.

Lorsqu'on n'a pas passé les teintes égale-

ment, on prend un pinceau sec, large du bout,
et l'on va sur l'endroit qui a reçu trop de couleur, comme si on pointillait; ces teintes s'unis-
sent ainsi parfaitement.

Cette méthode nous a toujours bien réussi ;
elle donne beaucoup de douceur et de moelleux
aux tons de chair.

Pour les cheveux, les mêmes tons sont à employer à l'huile qu'à l'aquarelle ; seulement,
on retouche les lumières avec du blanc mêlé
aux premiers tons que l'on a employés.

Les habits noirs se font avec du noir d'ivoire ;
on marque les plis et on revient dans les lumières avec du blanc mêlé à la première teinte.

Le même procédé doit être employé dans
toutes les teintes à l'huile; le blanc y entre
pour beaucoup.

La retouche à l'huile est beaucoup plus
longue que celle à l'aquarelle, parce qu'il faut
laisser sécher fréquemment les teintes à cause
de l'huile qui est dans la préparation et qui est
longue à sécher.

Pour atténuer autant que possible ce défaut,
on peut ajouter aux couleurs dont on se sert,

un peu de siccatif pour faire sécher promptement.

Nous nous servons de couleurs renfermées
dans des tubes d'étain bouchés au moyen de
petits bouchons à vis du même métal ; on les
trouve chez tous les marchands de couleurs.

Les pinceaux que nous employons pour
l'huile sont plus durs que ceux employés pour
l'aquarelle ; ils sont en martre rouge, emman-
chés dans une espèce de petit tube en tôle après
lequel tient la hampe ou manche du pinceau.
Les pinceaux ne se lavant pas chaque fois,
comme à l'aquarelle, il faut autant que possible
en avoir un pour chaque teinte ; il est toujours
bien entendu que ceux qui ont servi pour faire
les couleurs foncées ne doivent pas servir pour
les tons de la tête. On les lave au bout de la
journée avec de l'eau et du savon.

Il faut toujours avoir à côté de soi une petite
fiole renfermant de l'huile, afin que si les couleurs devenaient sèches, on puisse les amollir
en y ajoutant un peu de cette huile. On doit
avoir une palette en bois, pour délayer ses
couleurs et les mélanger.

Lorsqu'on a mis des couleurs sur la palette et qu'on quitte le travail, pour les empêcher de sécher on les met dans un vase renfermant de l'eau fraîche, jusqu'au moment de s'en servir.

# CHAPITRE XXXIII.

**Du coloris des épreuves sur toile et sur verre.**

Pour ces genres de portraits, nous employons des couleurs broyées en poudre excessivement fine, dont les noms suivent :

Pour les figures et les mains :

> Le carmin.
>
> L'incarnat.
>
> La chair femme très fraîche ou laque capucine.

Pour les habits et les fleurs :

> Le carmin.
>
> Le bleu foncé.
>
> Le vert foncé.
>
> Le violet.
>
> Le jaune.

Ces couleurs sont renfermées dans des petits tubes en verre bouchés à l'aide d'un bouchon.

En mélangeant adroitement ces couleurs, on peut donner aux portraits un certain relief qu'ils ne sauraient avoir si celui qui est chargé du coloris était un homme sans goût.

Les couleurs autres que celles indiquées ci-dessus donnent généralement des résultats assez peu satisfaisants.

Avant de se servir des couleurs, il faut qu'elles soient broyées et mises en poudre excessive-ment fine ; cette trituration se fait avec de fortes piles en verre et demande presque un jour de travail pour être amenée à un degré de ténuité convenable.

Il est bien préférable de les acheter broyées, attendu qu'il faut presque autant de peine pour en broyer peu que pour en broyer beau-coup.

Pour ce qui est des broches, chaînes, brace-lets, etc., nous nous servons de coquilles d'or et d'argent.

Il faut bien se rappeler que ces couleurs doivent être employées en poudre fine et impal-pable.

Les pinceaux doivent être en nombre aussi

considérable que les couleurs, chaque teinte devant avoir son pinceau particulier. Ces pinceaux doivent être fins et mous, afin de ne pas effacer les portraits en les coloriant.

Les meilleurs, selon nous, ceux que nous recommandons, sont la martre noire, les pinceaux à marbrer, le petit gris et les pinceaux en plume de pigeon ; celui qui sert à faire les joues et les lèvres doit être dur et plus terminé en pointe.

Lorsque les épreuves soit sur toile, soit sur verre, sont bien sèches, on les colorie ; on met sur du papier très propre et blanc une pincée de la couleur dont on veut se servir, puis on l'écrase avec le doigt en y mettant une petite feuille de papier blanc et foulant un peu ; les couleurs restent adhérentes au papier sur lequel on les a mises. Pour colorier l'épreuve, la prendre de la main gauche entre le pouce et les autres doigts, et prenant son pinceau de la droite, on le fait passer légèrement sur les couleurs et ensuite on le reporte sur le portrait.

Il vaut mieux encore, surtout s'il y a beaucoup de détails dans le portrait, que le retoucheur soit assis commodément et posé sur un pupitre comme celui de l'aquarelle.

On commence par la couleur chair, qu'on applique sur les côtés les plus clairs de la figure et des mains; ensuite et avec un autre pinceau, prendre un peu de carmin et l'appliquer légèrement sur les joues et les lèvres; passer un blaireau très-léger pour fondre les couleurs.

Il est bien entendu que pour n'importe quel ton, il faut avoir le soin de les employer excessivement légers; presque pas de couleur dans le pinceau, de manière à ne pas couvrir la figure, comme cela ne manquerait pas de le faire si on en mettait beaucoup. Cependant, si on en a mis trop, on a toujours la ressource de l'enlever avec un blaireau; comme ce sont des poudres, en y allant légèrement on peut encore les enlever assez facilement. Ces couleurs ainsi appliquées se conservent longtemps.

Voici pour les couleurs à sec toutes les recommandations que nous voulions faire à l'artiste.

Les couleurs mouillées sur ce genre d'épreu

ves ont un grand inconvénient : c'est qu'il est impossible de les enlever une fois posées, et que la moindre déviation du pinceau gâte l'épreuve et force à recommencer quand on veut un portrait bien fait.

Cependant, lorsque nous avons des militaires dont nous devons colorier les habits, nous employons les mêmes couleurs, mais mouillées, pour faire les petits détails, tels que les passepoils, qu'il serait impossible de faire avec les couleurs sèches. Les boutons se font avec de l'or ou de l'argent en coquille, en ayant soin de conserver le plus possible le dessin.

Voici le moyen d'employer l'or et l'argent sur les bagues, broches, médaillons, bracelets, etc.; ceci est assez difficile, parce que l'on peut facilement détruire les dessins des objets qu'on colorie.

Ayant deux godets à côté de soi, verser une goutte ou deux d'eau distillée dans celui dont on veut se servir; dans un autre godet, on en a cinq ou six gouttes; les pinceaux doivent être durs et pointus; il faut les mouiller très-légèrement, et faire son possible pour ne poser que ce qui est nécessaire ; autrement, on ne pourrait pas enlever les couleurs, ou bien il faudrait laver l'épreuve, que nous considérons comme perdue lorsqu'il faut faire cette opération.

# CHAPITRE XXXIV.

### Du stéréoscope.

Il y a peu de personnes qui ne connaissent aujourd'hui l'appareil inventé par l'illustre physicien anglais, M. Weasthone, dont les effets merveilleux ont été admirés de chacun. Nous aurions cru laisser une lacune dans notre encyclopédie, si nous ne lui avions réservé une place.

Dans l'origine, le stéréoscope de l'inventeur était grand et peu portatif; il se composait de deux miroirs inclinés à angle droit et l'un sur l'autre.

Depuis, de grandes améliorations ont été apportées à cet appareil, que nous allons décrire tel qu'on le fait maintenant.

Le stéréoscope se compose d'une boîte en forme de pyramide, qui peut être en bois, en carton ou en métal; plus large en bas qu'en haut, portant en hauteur de 14 à 15 centimètres, et dont la partie supérieure porte deux tubes ou lentilles éloignées l'une de l'autre de l'écartement qui existe entre les deux yeux, c'est-à-dire de 70 à 75 millimètres environ.

Le bas de la boîte est percé et recouvert par un verre dépoli; il y a en bas, des deux côtés de l'appareil, une rainure pour passer les épreuves; un crochet les soutient et les empêche de tomber.

Une des plus larges faces est garnie d'une porte qui laisse passer de la lumière, lorsque les épreuves qu'on regarde sont encadrées dans des passe-partout opaques. Les passe-partout, pour ce genre d'épreuves, sont doubles; on met une épreuve dans chaque ouverture. Pour les épreuves sur verre albuminé, on se borne à recouvrir le côté du portrait d'un verre dépoli très-mince; on fait tenir le portrait et le verre ensemble par le moyen d'une petite bande de papier qui doit être collée sur les deux de manière à ce qu'ils soient parfaitement adhérents l'un à l'autre.

De cette façon, on obtient des épreuves transparentes qui se voient parfaitement bien à travers la glace dépolie du stéréoscope ; alors la porte qui se trouve en haut est inutile ; il faut même la fermer complétement : la lumière venant de deux côtés différents enlèverait une partie de la finesse des détails.

Voici pour le détail de l'instrument. Indiquons maintenant la manière d'obtenir les images.

Il faut prendre deux épreuves du même objet de deux points de vue différents, c'est-à-dire que lorsqu'on fait des épreuves au stéréoscope, on doit avoir deux chambres noires portant chacune son objectif à distance l'un de l'autre, ou bien une seule qu'on dérange quand la première épreuve est faite.

On peut aussi se servir d'une seule chambre noire, sans avoir besoin de rien déranger ; il faut alors avoir un appareil exprès. A une chambre noire ordinaire, on adapte un châssis plus large que la chambre et dans lequel vient s'en emboîter un autre porte-plaques, destiné à tenir deux plaques préparées pour les deux épreuves ; ce châssis, au lieu de se passer par en haut, se met au contraire par le côté. On peut aussi employer des plaques de toute la grandeur du châssis et sur lesquelles les deux épreuves viennent se faire ; ce moyen est même moins embarrassant.

Le châssis porte en haut un crochet en cuivre qui permet d'arrêter le châssis, lorsque la moitié de la plaque se trouve découverte ; on tire la première épreuve, et ensuite, sans avoir besoin de rien déranger, on lève le crochet par en haut et on fait passer l'autre moitié de la plaque, pour tirer l'épreuve comme on vient de le faire.

Quand on travaille avec deux chambres noires différentes, il faut toujours avoir soin de mettre entre les deux objectifs 40 à 50 centimètres d'écartement, lorsque le modèle n'est pas à plus de 4 mètres environ de l'appareil ; on en met toujours de plus en plus, en proportion de ce que l'on s'éloigne. Pour une seule chambre noire, c'est la même chose ; après la première épreuve faite, on transporte la chambre noire à la distance voulue. Pendant ces opérations, si c'est un portrait qu'on fait, il faut recommander au modèle de ne pas bouger du tout, la moindre déviation dans les deux épreuves empêcherait toute réussite.

On peut aussi faire des épreuves pour le stéréoscope dans la même chambre noire, sans la déranger ; mais alors on n'obtient que du grossissement sans aucun relief ; il faut opérer comme nous l'avons dit pour obtenir de bonnes épreuves bien en relief.

Lorsqu'il s'agit de faire des vues, paysages, monuments ou autres, on prépare la glace à l'albumine, à sec, et on va tirer l'épreuve ; la pose est beaucoup plus longue, il faut quelquefois 7, 8 et même 10 minutes pour obtenir une épreuve.

Les opérations pour le stéréoscope, soit sur plaque, soit sur papier ou sur albumine, sont toujours les mêmes pour le stéréoscope que pour faire simplement un beau portrait positif.

Pour les vues, les paysages, pour la nature morte enfin, rien n'est aussi beau que l'albumine ; mais, lorsqu'il s'agit de reproduire un portrait, une scène d'intérieur, quelque chose enfin où les personnages jouent le principal rôle, rien ne pourra jamais imiter le brillant fini d'une plaque artistement coloriée. Donc, l'albumine pour la nature morte, la plaque pour la nature vivante.

# CHAPITRE XXXV.

## De l'albumine.

Les glaces se polissent absolument de la
même manière que pour le collodion.

## § 1er.

### PRÉPARATION DE L'ALBUMINE.

Dans une cuvette large et profonde, casser
3 œufs de poule très-frais et d'un fort volume, avoir soin d'en extraire complétement
les glaires, les germes et le jaune, pour ne
conserver que le blanc. Les 3 blancs d'œufs doivent donner un poids d'à peu près 100 grammes.
Les œufs étant bien débarrassés des substances
ci-dessus, qui arrêteraient le succès de l'opération, les mettre dans une éprouvette ou
vase pour les peser : s'ils ne formaient pas les
100 grammes, en ajouter jusqu'à ce qu'on ait
obtenu le poids désiré, puis faire dissoudre
1 gramme iodure de potassium dans 25 grammes

eau distillée. Cette dernière solution achevée, on la verse dans la cuvette contenant les blancs, puis on bat le mélange avec une fourchette en argent ou en bois, jusqu'à ce qu'il soit passé à l'état de neige, c'est-à-dire de 8 à 15 minutes. Arrivé là, on le recouvre dans le vase; on le met dans un endroit obscur où l'on n'ait pas à redouter la poussière; il y reste jusqu'à ce que l'albumine soit revenue à l'état liquide; ce passage se fait dans l'espace de 12 à 24 heures, suivant la température du lieu où se fait l'opération.

L'albumine ainsi préparée ne peut plus servir deux jours après sa préparation, elle occasionnerait la perte des épreuves.

### § 2.

#### ALBUMINER LA GLACE.

Lorsqu'on est prêt à albuminer la glace, on doit bien faire attention qu'il n'y ait aucune poussière, sur le côté qui doit recevoir l'albumine surtout; on met la glace, le beau côté en dessus, sur un trépied; on enlève les dernières poussières qui pourraient s'y trouver, on verse dessus l'albumine qui doit toujours avoir été conservée dans le vase qui a servi à sa préparation. Avant d'albuminer la glace, on doit avoir eu bien soin, quelque temps auparavant, de nettoyer la pièce où on opère ; c'est le moyen d'éviter les poussières, qui sont un grand inconvénient.

L'artiste doit aussi avoir les mains bien lavées. On pourrait aussi verser l'albumine en tenant la glace au bout de la main, comme nous l'avons indiqué au chapitre II pour le collodionnage des glaces. Dans l'un ou l'autre cas, lorsque la glace est recouverte d'albumine, on l'incline légèrement en tous sens, de manière à unir parfaitement la couche ; puis, plaçant la glace au-dessus de la cuvette à albumine, on verse l'excédant et on laisse égoutter pendant quelques secondes.

On la remet de nouveau dans la position horizontale en lui donnant une légère inclinaison, afin de faire passer différentes fois, en plusieurs sens, la couche d'albumine.

Lorsqu'il se forme sur la couche de petites cloches ou bulles d'air, on les perce avec un petit bout de bois terminé en pointe, de manière qu'en faisant repasser la couche, le trou que cette opération peut avoir occasionné se trouve recouvert par cette même couche, et évite ainsi les accidents qui pourraient en résulter.

Ensuite enlever la glace du trépied et la transporter dans une boîte à rainures horizontales, portant trois vis à caler pour la mettre bien droite.

On peut s'en servir longtemps après sa préparation, mais il faut qu'elle soit parfaitement sèche, ce qui arrive ordinairement au bout de 24 heures; après ce délai on peut s'en servir sans crainte.

La boîte qui reçoit les glaces albuminées doit être tenue dans un grand état de propreté, sans poussière.

§ 3.

RENDRE LA COUCHE D'ALBUMINE SENSIBLE.

Verser dans une cuvette ayant environ 8 centimètres de profondeur, très-plate et plus grande que la glace, la solution suivante :

| | |
|---|---|
| Eau distillée............ | 100 grammes. |
| Azotate ou nitrate neutre d'argent............. | 9 — |

Quand cette solution est faite, ajouter :

Acide acétique.......... :    10 grammes.

Il doit y avoir sous la cuvette un objet quelconque our lui donner de l'inclinaison, de manière à ce qu'il y ait assez de place sans liquide pour placer la glace albuminée, le côté préparé en dessus.

Lorsqu'elle est placée, enlever de suite l'objet qui sert à tenir la cuvette inclinée, et lancer d'un seul coup, sans temps d'arrêt, la solution sur la glace albuminée; si la solution passait par degrés, il y aurait autant de raies sur la glace qu'il y aurait eu de temps d'arrêt dans l'opération.

La glace reste dans ce bain de 6 à 30 secondes; pour l'en retirer, on se sert d'un crochet d'argent ou d'ivoire. Aussitôt qu'elle est sortie du bain d'acéto-nitrate, on l'incline pour faire tomber l'excédant, et on la plonge dans une cuvette contenant de l'eau bien propre; on lave à grande eau ; on la prend de la main gauche, et de la droite on verse dessus de l'eau très-pure pour la rincer.

On laisse ensuite sécher un angle posé sur du papier de soie et à l'abri de la lumière.

On ne peut pas se servir de suite de cette glace ; 2 ou 3 jours après elle sera encore photogénique et propre à subir l'opération de la chambre noire.

## § 4.

### EXPOSITION A LA CHAMBRE NOIRE. — PROCÉDÉ POUR ABRÉGER LE TEMPS DE L'EXPOSITION.

L'exposition à la chambre noire se fait absolument de la même manière que pour le collodion ; il n'y a qu'une différence, c'est que la pose est énormément plus longue. Mais il existe un procédé accélérateur par lequel il n'est besoin que de 30 secondes à 1 minute par un beau temps ; il est impossible de rien fixer pour les mauvais temps : la pose devient double, triple, etc., suivant que le temps est plus ou moins couvert.

Si on veut diminuer le temps de l'exposition à la chambre noire, après le lavage qui suit le bain d'acéto-nitrate, on met la glace sur un pied à caler, puis on verse dessus une solution saturée d'acide gallique, qui doit y séjourner de 30 à 80 secondes; on incline la glace, l'acide gallique s'écoule, on la laisse appuyée sur un angle pendant 2 ou 3 minutes. Quand elle est bien égouttée, on introduit la glace dans le châssis, et on va faire l'opération de la chambre noire. Il faut tenir le châssis debout; si on le tenait à plat, cela pourrait occasionner des taches sur les habits et détériorerait l'épreuve.

L'épreuve apparaîtra d'autant plus vite sous les bains, qu'on aura posé plus longtemps.

## § 5.

### FAIRE PARAITRE L'ÉPREUVE NÉGATIVE.

Dès que l'épreuve est sortie de la chambre noire, il faut la mettre sur le pied à caler et verser dessus de l'eau distillée pour la rincer; quand elle est suffisamment écoulée, replacer la glace sur le pied et y verser assez pour la couvrir d'une solution saturée d'acide gallique; 10 minutes suffisent pour l'action de cette substance, si l'épreuve est restée longtemps à la lumière et s'il fait chaud ; si au contraire il fait froid et que l'épreuve soit restée peu de temps à l'exposition, l'acide gallique doit rester dessus de 4 à 5 heures.

Quand l'acide gallique a séjourné assez long-temps sur la glace, on le jette et on le remplace par la solution suivante :

Eau distillée. . . . . . . . . . . . .     100 grammes.
Nitrate d'argent neutre. . . . .        2      —

Ce n'est pas sous l'acide gallique qu'apparaît l'image, mais bien sous la solution de nitrate d'argent ci-dessus énoncée.

Si l'exposition à la chambre noire a été longue, l'image ne tarde pas à se développer (1 minute environ) ; elle se manifeste par des tons roux dans les blancs, et bientôt on voit apparaître les dernières teintes de l'épreuve, c'est-à-dire que les blancs deviennent noirs, et ne man-queraient pas de dépasser le ton désiré, si on ne surveillait l'épreuve. On fait passer une petite bougie ou rat-de-cave en dessous de l'épreuve, et pour voir plus facilement, on place entre celle-ci et la bougie une feuille de papier blanc transparent ; ce serait entraver l'opération que de présenter la bougie sans l'interposition du papier. Quand on voit l'épreuve bien sortie, on la retire du pied et on la rince ; si au contraire elle ne sort pas, on la met de nouveau sous l'acide gallique pendant une heure, et ensuite sous le nitrate.

La durée de l'exposition a été trop courte, si cette fois encore l'épreuve n'apparaît pas ; on aura alors une épreuve perdue à recommencer.

§ 6.

Lorsque l'épreuve négative est bien sortie, on la dégage sur-le-champ de la solution de nitrate, on la lave à grande eau ; après l'avoir remise sur le pied à caler, on verse dessus la solution suivante :

> Eau distillée............ 100 grammes.
> Hyposulfite de soude...... 15 —

Pour bien la fixer, cette solution doit la couvrir en entier, il ne doit pas exister le plus petit point qui en soit exempt ; 10 minutes au moins, 35 au plus, suffisent pour l'opération du fixage. On lave à grande eau, et enfin on la met

sur un angle, pour la faire sécher dans l'obscurité.

Ce n'est pas le seul moyen employé pour
fixer l'épreuve ; il en existe un autre, le voici :

Bromure de potassium.....   5 grammes.
Eau distillée...........   200   —

Toutes les parties de la glace doivent en être
bien couvertes ; 15 à 30 minutes suffisent, plus
ou moins, suivant la température ; au bout de
ce temps l'épreuve est fixée.

## § 7.

### OBSERVATIONS GÉNÉRALES.

Nous ne croyons pas devoir quitter l'albumine
sans jeter un coup d'œil sur les précautions à
prendre dans les manipulations chimiques qu'on
a à faire, et nous livrer à quelques observations
pratiques qui, loin d'être superflues, entraînent,
si elles sont négligées, les plus graves inconvénients.

1° Si la glace a été mal décapée ou mal polie,
l'albumine adhère imparfaitement et forme des

cloches ; de là nécessité de polir les glaces à fond.

2° Si l'albumine, après avoir été étendue sur la glace, n'offrait pas une couche suffisamment uniforme, l'épreuve sortirait par places : de là nécessité de rendre la couche d'albumine égale dans toute sa surface.

3° Bien veiller à ce qu'il ne tombe pas de poussière sur l'albumine lorsqu'elle est étendue sur la glace ; autrement il se formerait des taches sur l'épreuve, et on serait forcé de l'abandonner.

4° Dans le lavage après la sortie du bain d'acéto-nitrate, deux choses à remarquer : que la glace soit bien lavée et qu'elle ne le soit pas de trop.

Dans le premier cas, si elle n'est pas bien lavée, on obtient des taches à l'épreuve positive ; si au contraire elle l'est trop, la couche d'albumine offre peu de sensibilité.

5° Enfin laisser l'acide gallique séjourner un temps suffisamment long sur l'épreuve, autrement il se formerait un gallate d'argent, qui ne possède plus les qualités de l'acide gallique.

Nota. Depuis la découverte du collodion, l'albumine est à peu près complétement abandonnée pour le portrait ; elle ne sert plus que pour les vues, monuments, paysages, etc., et pour les épreuves stéréoscopiques.

Le procédé pour tirer les épreuves positives sur papier est absolument le même que lorsqu'on a une épreuve négative sur collodion.

# PHOTOGRAPHIE

## SUR PLAQUÉ D'ARGENT,

### OU

## DAGUERRÉOTYPE.

# DAGUERRÉOTYPE

## SUR PLAQUÉ.

## CHAPITRE XXXVI.

### Du choix des plaques.

Pour se rendre compte de la qualité des plaques, il suffit de souffler avec l'haleine, de manière à former une espèce de buée ou vapeur.

On reconnaît alors que la plaque est dans de bonnes conditions si cette vapeur est persistante sur toute la surface et ne laisse apercevoir aucune tache ni défaut. Ces imperfections sont tantôt des taches de cuivre, tantôt des petits points noirs ; quelquefois ce sont des espèces de lames provenant du batteur ou des produits employés à leur fabrication.

Tous ces défauts doivent être, de la part de l'artiste, l'objet d'une sérieuse attention ; avec de mauvaises plaques, pas de portrait possible ; si malgré ces imperfections on veut faire des portraits sur ces plaques, ont est assuré par avance d'une mauvaise réussite.

Si cependant ces défauts se trouvaient à l'une des extrémités de la plaque, pour éviter la perte de cette dernière, on pourrait s'en servir en plaçant la plaque dans le châssis, la tache en haut, de manière qu'elle se reproduise sur le bas du portrait et qu'elle puisse se cacher avec le passe-partout.

Suivant la grandeur des plaques, on les distingue sous les noms de : 1/6, 1/4, 1/3, 1/2 et plaque entière ou normale :

Les plaques 1/6 portent 8 cent. sur 7

|   |   |   |   |   |   |
|---|---|---|---|---|---|
| — | 1/4 | — | 10 | — | 8 |
| — | 1/3 | — | 13 | — | 10 |
| — | 1/2 | — | 16 | — | 12 |
| — | entières | — | 21 1/2 | — | 16 |

Elles portent sur un des coins le titre indiquant la quantité d'argent et de cuivre entrant dans leur composition ; les quantités en usage sont le 40ᵉ, le 30ᵉ et le 20ᵉ d'argent. La grandeur 1/4 est celle que l'on fait le plus ordinairement.

S'il arrive qu'on tombe sur des plaques de bonne condition, il est toujours bon, comme mesure de précaution, de s'en munir d'une certaine quantité.

# CHAPITRE XXXVII.

## De la mécanique à polir.

Jusqu'ici le rôle des tours ou mécaniques à polir est loin d'être aussi avantageux qu'on avait voulu le prétendre dès le début ; l'usage de ces mécaniques, qui devait remplacer avec avantage le poli au coton et au polissoir, en même temps que diminuer considérablement le travail manuel, s'est borné jusqu'ici à décaper la plaque, et aujourd'hui, les quelques artistes qui se servent encore de cet instrument sont forcés de terminer avec le polissoir, afin de donner à leur plaque le poli nécessaire.

Avec le décapage au coton, on peut, en formant une buée sur la plaque avec l'haleine, reconnaître s'il y a quelques défauts ou corps gras, recommencer le poli de suite, ou la rejeter si on le croit nécessaire ; tandis qu'avec la mécanique on ne peut les constater que lorsque l'épreuve est finie.

De plus, avec cet instrument on n'obtient jamais la netteté que peut donner le poli au coton, lorsqu'il est entre les mains d'un polisseur habile.

# CHAPITRE XXXVIII.



**Polissage ou décapage de la plaque.**

Avant de polir une plaque, deux opérations à lui faire subir : la biseauter et en abattre les coins.

Pour biseauter une plaque, on se sert d'un instrument appelé *planche à biseauter ;* elle se compose d'une planche ordinaire à jour, d'environ 40 centimètres de long sur 8 de large; une petite bande de fer, attachée avec des vis, est posée à plat de toute la longueur et sur un des côtés de la planche ; à côté de cette bande de fer, une rainure est réservée ; au-dessus de cette rainure se trouve une espèce de couteau fixé dans une pièce de bois, et que l'on peut promener sur toute la longueur de la planche ; on peut aussi le monter ou descendre à volonté par le moyen d'une vis.

Ce couteau doit toujours être enfoui à une

certaine profondeur dans la rainure, de manière qu'en mettant le côté d'une plaque en avant de ce couteau, celui-ci, en passant, forcera le côté à s'abaisser ; il en sera de même des trois autres côtés.

Pour que la plaque ne puisse pas reculer au moment de passer le couteau sur un des côtés, il doit y avoir un clou ou arrêt de l'autre côté de la plaque.

Si le côté de la plaque , après avoir passé sous le couteau, se trouvait trop ployé, on élèverait celui-ci plus haut; dans le cas contraire, on l'abaisserait.

Il faut tenir sa plaque toujours bien droite sur la planchette à biseauter, autrement on s'exposerait à la ployer au milieu. Cette opération du biseautage est due à la crainte de déchirer le polissoir au moment de son passage sur la plaque.

Lorsque la plaque est biseautée, au moyen d'une petite pince on en abat les quatre coins pour faciliter leur entrée dans chacune des agrafes en cuivre situées aux angles de la planchette.

Ainsi disposée, on introduit le premier coin dans l'agrafe immobile, le second dans sa parallèle ou celle qui lui fait face, les deux autres à volonté ; ensuite on place la planchette sur un étau ; autant que possible qu'elle soit bien de niveau, afin qu'en versant l'alcool dessus, il ne s'échappe pas trop promptement ; puis on s'entoure de tout ce qui est nécessaire pour polir, c'est-à-dire esprit-de-vin, tripoli, rouge, coton, polissoir, de manière à pouvoir passer de l'un à l'autre sans interruption.

Le tout ainsi disposé, on verse sur la plaque une certaine quantité de tripoli de Venise impalpable, puis de l'esprit-de-vin à 36 ou 40 degrés, en quantité suffisante pour mouiller le tripoli ; on prend un tampon de coton fortement serré entre les doigts, et on étend la couche de tripoli et d'esprit-de-vin sur toute l'étendue de la plaque.

La couche de tripoli étant bien étendue, on frotte vigoureusement, en petits ronds, et en allant plus particulièrement sur les coins, la largeur du coton faisant frotter presque continuellement sur le milieu ; ce frottement, vif et rapide, doit durer 3 à 4 minutes, plus s'il est nécessaire, jusqu'à ce qu'on n'aperçoive plus la trace laissée par le marteau du batteur, travail qui devient d'autant plus long que la plaque est plus grande, et qui réclame, par conséquent, une durée proportionnée à sa grandeur. Quelquefois il arrive que le tripoli se sèche trop promptement, alors la plaque n'est pas polie ; si la couche de tripoli qui y reste est assez considérable, il faut verser quelques gouttes d'esprit-de-vin et recommencer à frotter ; si au contraire il en restait peu, il faudrait en remettre, joindre de nouveau un peu d'esprit-de-vin et recommencer à polir.

Il vaut toujours mieux mettre une quantité suffisante et proportionnée d'alcool et de tripoli ; s'il y a trop de tripoli, on obtient une espèce de mastic qui disparaît en ajoutant de nouveau de l'alcool ; mais au décapage, il arrive un corps huileux sur la plaque qui vient souvent de là et est très-difficile à faire disparaître.

Si, au contraire, l'alcool se trouve en trop, il fait paraître une foule de petits points d'argent qui souvent ne disparaissent pas, même en polissant la plaque deux ou trois fois ensuite. On se sert le plus souvent d'un petit sablier de 4 minutes pour régler le temps que le polisseur doit rester au mouillage ; il est presque certain qu'après ces quelques instants, si les proportions nécessaires ont été suivies, la plaque est suffisamment polie.

Ceci achevé, il doit toujours rester une faible couche de tripoli ; on en verse quelques grains sur cette couche, puis, avec un tampon de coton sec, on frotte légèrement d'abord jusqu'à ce qu'on sente que le coton devient plus mordant sur la plaque ; quelques minutes après, on forme une buée sur la plaque avec l'haleine, afin d'en reconnaître la netteté ; quelquefois elle présente une surface blanche et mate, elle sera très-facile à décaper ; d'autres fois, au contraire, toute la surface ne présente qu'une teinte jaunâtre et huileuse, c'est alors que le décapage sera long et difficile.

Lorsque cette couleur se trouve trop épaisse et trop prononcée, il est même préférable de recommencer le poli au tripoli et à l'alcool, autrement on n'obtiendrait qu'une plaque très-mal polie.

Cette couleur vient le plus souvent de ce que l'on s'est servi trop longtemps du coton au tripoli, ce qui a fini par former une pâte ou mastic, et durci le tampon de manière à lui faire perdre toute élasticité ; car il est une chose à observer, qui est même de toute rigueur : c'est de maintenir aux tampons une certaine élasticité, autrement on ne fait que dorer ou enfoncer le tripoli dans la plaque, si c'est au mouillé. Au décapage surtout, il faut avoir soin de maintenir cette élasticité, si l'on veut donner un beau bruni à la plaque.

La teinte jaunâtre et huileuse que nous venons d'indiquer vient aussi de la trop grande quantité de tripoli employé au mouillage ; il faut l'éviter comme principal inconvénient du polissage par les moyens que nous avons donnés ; c'est déjà savoir polir, et c'est pour cela que nous les signalons avec tant d'instance ; cette première difficulté surmontée, le polisseur n'a plus que des mesures de précaution à prendre pour éviter les corps gras et les raies.

On doit former une buée sur la plaque avec l'haleine. Il est très-facile de reconnaître la présence d'un corps gras, par l'absence de cette buée à l'endroit où il se trouve. Cet inconvénient arrive si, en faisant le tampon de coton, on a mis les doigts sur la partie qui sert à polir les plaques ; ou bien si, en décapant la plaque, le tampon s'est défoncé et la partie qui touchait les doigts s'est trouvée toucher la plaque ; ou bien encore si, en soufflant sur la plaque, il est tombé quelque chose des cheveux ou bien un peu de salive de la bouche. Dans tous les cas, aussitôt la présence de ces taches constatée, il est inutile de continuer à décaper la plaque plus longtemps : si on parvenait à les faire disparaître, ce ne serait que pour les voir reparaître lorsque l'on chlorurerait le portrait ; il faut donc recommencer en entier le poli de la plaque. Soit au mouillage, soit au décapage, on doit toujours appuyer avec le coton trois ou quatre fois la pesanteur du bras ; pour terminer, on frottera vigoureusement en appuyant un peu plus fort pendant quelques secondes.

Lorsqu'on a la certitude que la plaque est

bien polie, on prend le polissoir de la main
droite ; la gauche doit appuyer légèrement sur
le dos, de manière à le conduire où l'on veut
et afin qu'il ne vacille pas, puis on le fait aller
à plusieurs reprises, pendant 3 ou 4 minutes,
soit dans le sens des angles, soit dans celui de
la largeur ; avoir soin cependant de terminer
de cette dernière manière. Les petites raies pro-
duites par le polissoir, s'il s'en forme par hasard,
se verront beaucoup moins que si on terminait
dans le sens des angles. Eviter, pendant l'opération du polissoir, d'avancer le corps et même
la tête au-dessus de la plaque : il pourrait tomber dessus quelques corps gras dont on ne re-
connaîtrait la présence qu'après le portrait
retiré du mercure.

Il est bon de noter comme dernier rensei-
gnement, qu'au tripoli, au décapage et au polissoir, il faut toujours appuyer légèrement en
commençant, et avec assez de vigueur en terminant ; du reste, plus on met d'ardeur et d'ac-
tivité dans toutes les opérations, plus on arrive
à la perfection du poli de la plaque.

Lorsqu'on la juge suffisamment polie, on se

dispose à l'enlever de la planchette, mais auparavant, laissant le polissoir sur la plaque, on s'éloigne de quelques pas du lieu où on l'a polie, pour éviter que les petits grains de tripoli qui s'y trouvent ne viennent s'y déposer en poussière qui adhérerait à la plaque. Une fois la planchette retirée de l'étau, on fait passer légèrement le polissoir sur la plaque pour enlever jusqu'aux dernières taches de poussière ; on dévisse promptement les agrafes, en tenant la plaque inclinée, et on la retire après avoir frappé un de ses côtés sur l'angle d'une planche ou tringle ; on l'introduit dans la boîte à plaques, consacrée seulement aux plaques polies.

A partir de ce moment, la plaque est prête à subir la seconde opération.

Avec un poli la plaque arrive rarement au degré nécessaire pour obtenir un bon portrait, un second est presque toujours de rigueur ; ceci s'applique à toutes les grandeurs, mais surtout aux 1/3 et aux 1/2.

Une plaque peut servir 6 ou 8 fois, et plus, si elle présente toutes les garanties nécessaires ; si le portrait n'a pas été fixé au sel d'or, la plaque se contente d'un poli et peut subir cette opération 7 ou 8 fois ; mais quand elle a passé au sel d'or, elle demande plus de vigueur dans le poli : elle doit l'être au moins 2 ou 3 fois au tripoli et au décapage, 1 fois seulement au polissoir, avant de pouvoir s'en servir. Lorsqu'on répète cette opération plusieurs fois, les taches de cuivre ne tardent pas à apparaître, et elle doit être rejetée.

Quelques artistes ont essayé de remplacer l'esprit-de-vin par l'alcool de pomme de terre, l'alcool de betterave et autres. Après avoir fait l'essai de ces produits, qui sont tous plus ou moins mauvais pour cet usage, nous avons reconnu que l'esprit-de-vin était le seul convenable pour bien polir les plaques.

Une plaque bien polie peut se conserver 2 ou 3 jours, mais pour cela elle doit être placée dans une boîte hermétiquement fermée qui ne laisse aucun accès à la poussière ; et avant de l'ioder, il est bon, pour ne pas dire nécessaire, de faire passer le polissoir dessus pendant quelques instants, après l'avoir fixée sur la planchette.

Sans cette précaution, le portrait viendrait
moins net, moins vigoureux, et la durée de la
pose serait un peu plus longue.

Néanmoins, il est plus avantageux de se servir de plaques sortant du poli, les produits ont
sur elles beaucoup plus de prise, elles s'iodent
plus facilement et donnent aux portraits des
tons plus chauds et plus vigoureux.

# CHAPITRE XXXIX.

## Du tripoli. — Sa préparation.

Pour polir la plaque, on n'a jamais de trop bon tripoli ; pour satisfaire aux conditions qu'on doit en exiger, il doit offrir la plus grande ténuité, être même presque impalpable : si le grain du tripoli était gros, il rayerait la plaque, à l'emploi de laquelle on se verrait forcé de renoncer si ces lignes étaient par trop prononcées.

Pour reconnaître si le tripoli dont on se sert est assez fin, on le fait passer entre ses doigts : s'il est propre à polir la plaque, il s'en échappe facilement ; si, au contraire, il est dans de mauvaises conditions, on sent entre ses doigts des corps durs ou résistants semblables en tous points aux grains fournis par le grès.

Le meilleur tripoli est sans contredit celui de Venise, dont nous garantissons la supériorité sur toutes les autres substances en usage pour le poli, pourvu toutefois qu'il possède toutes les qualités que nous venons d'indiquer. On peut citer encore la terre pourrie, la pierre ponce, l'essence de lavande, l'essence de térébenthine, l'huile d'olive et une foule d'autres produits qu'il serait trop long et inutile d'énumérer ici, attendu qu'ils sont tombés dans un entier abandon.

Quelquefois il arrive qu'après avoir bien frotté sur la plaque et l'avoir crue bien polie, le portrait sort mal : cela tient souvent à ce que le tripoli n'a pas été bien enlevé et qu'il s'est incrusté dans la plaque ; c'est ce qui arrive assez souvent, lorsqu'il n'a pas été soumis à la préparation suivante. Avant d'employer le tripoli dont on a fait choix, on prend une vieille plaque demie dont on a relevé les bords en forme de plateau, on la place sur le pied à chlorurer, on verse dessus du tripoli à peu près en quantité suffisante pour remplir une petite boîte dont nous parlerons dans la suite.

On prend une forte lampe à esprit-de-vin et on la promène sous la plaque, de manière à en chauffer toutes les parties; et pour éviter qu'il reste aucun point du tripoli qui ne reçoive les effets de cette chaleur, avec un couteau ou tout autre objet on le remue en tous sens et on l'étend bien. Au bout de 2 ou 3 minutes on souffle la lampe, puis, après avoir enlevé la plaque du pied à chlorurer, on verse le tripoli sur une feuille de papier, pour l'introduire ensuite dans sa boîte.

Le tripoli est prêt à être employé, sa couleur est devenue beaucoup plus foncée. Éviter, en chauffant, que la flamme passe sur le tripoli.

# CHAPITRE XL.



**Du rouge anglais. — Sa préparation.**

Rien ne doit être négligé dans le choix du rouge d'Angleterre; sa pureté et sa couleur un peu foncée sont les qualités qui le distinguent particulièrement.

Avant de pouvoir servir au poli des plaques, il faut qu'il ait subi la même préparation que nous venons d'indiquer dans le chapitre précédent, c'est-à-dire qu'on a dû le faire chauffer fortement avec une lampe à alcool sur une plaque demie, avant de l'introduire dans une boîte exactement semblable à celle dont on se sert pour le tripoli.

Il est employé dans la préparation du polissoir et serait impropre à son entretien s'il restait exposé à l'humidité; aussi est-il bon, avant de s'en servir, de le soumettre à l'action d'une douce chaleur ; le même soin peut être réclamé pour les boîtes à tripoli.

Chaque jour, avant de se mettre au poli, on couvre çà et là son polissoir d'une petite couche de rouge anglais ; puis on l'étend adroitement avec un tampon de coton sur toute la surface de la peau qui le recouvre, de manière que la couche soit le plus unie possible ; d'abord on forme légèrement de petits cercles avec le coton, afin de faire pénétrer le rouge dans le polissoir, et ensuite on promène le tampon dans toute son étendue, depuis une extrémité jusqu'à l'autre ; sans ces soins particuliers la plaque manquerait de ce ton moelleux qui en fait le charme.

# CHAPITRE XLI.

**Du polissoir.**

Négliger l'emploi du polissoir, ce serait vouloir revenir à ces portraits verdâtres et sans vigueur auxquels le coton seul avait donné le poli ; ce serait vouloir reculer l'art jusque dans ses premières limites.

Le polissoir se compose d'une pièce de bois parfaitement lisse sur laquelle sont étendues plusieurs couches de coton recouvertes d'une peau de daim ; c'est sur cette peau que l'on étend le rouge d'Angleterre ; sur l'autre côté du polissoir se trouve une poignée qui sert à diriger l'instrument.

Le chapitre XXXVIII nous a indiqué la manière de s'en servir. Que le plus grand soin soit apporté dans le choix du polissoir ; si les couches de coton n'ont pas été placées uniment, cela forme des bosses qui ôtent toute possibilité de donner le poli convenable à la plaque. La peau doit être très-fine et douce, avoir toutes les préparations pour ne pas rayer ou graisser la plaque.

Néanmoins, les plaques polies par un polissoir neuf ne sont pas en état de donner un bon portrait ; il faut au moins de 8 à 15 jours pour obtenir un heureux résultat. Voici le moyen à employer : si on a de vieilles plaques, des plaques qui soient passées à l'hyposulfite et au sel d'or, comme elles ne pourraient donner qu'un mauvais portrait après un premier poli, on se sert du polissoir neuf pour cette opération ; de même, pour les plaques neuves qu'on voudrait polir deux fois, le premier poli sera aussi donné par le même polissoir ; car nous croyons utile de le dire, rarement on obtient un très-beau portrait après un premier poli : il n'est le plus souvent que très-médiocre ; tandis qu'avec deux polis on obtient fréquemment de fort belles épreuves.

Sur les premières plaques, le polissoir laisse

de la poussière : il rejette le rouge dont on l'avait recouvert ; cela tient à ce que les pores de la peau ne sont pas encore fermés par ces petits grains d'argent que l'on remarque sur tous ceux qui ont plusieurs mois de service.

Rien d'aussi précieux qu'un bon polissoir ; et quand on a été assez heureux pour en obtenir un, il faut y veiller avec le plus grand soin, le guider avec délicatesse sur la plaque pour ne pas le crever ; faire en sorte qu'aucun corps étranger, même les doigts, ne vienne se poser dessus et y déposer des corps gras : à partir de ce moment il serait gâté, il y aurait impossibilité de s'en servir.

Il ne doit jamais quitter sa boîte qu'au moment où l'on est prêt à polir ; et aussitôt le poli fini, il doit être remis sur-le-champ à sa place. Il faut se garder de le laisser trop longtemps dans un endroit exposé à l'humidité ; ce serait peine inutile alors de chauffer le rouge d'Angleterre avant de s'en servir.

# CHAPITRE XLII.

**Boîtes à tripoli. — Boîtes à rouge.**

Les boîtes dont on se sert pour le tripoli et pour le rouge offrent la plus grande simplicité : elles consistent uniquement dans une boîte en carton s'emboîtant dans une autre ; le fond de la boîte de dessous est fermé ; la partie supérieure de l'autre est recouverte d'un tamis qui ne laisse passage qu'au tripoli, et non aux graviers qui pourraient s'y trouver. Cette double boîte porte un couvercle également en carton, qui doit toujours se trouver sur la boîte quand on ne se sert pas de celle-ci.

Il faut veiller à ne pas confondre ces deux boîtes lorsqu'on polit, et à ne pas prendre l'une pour l'autre. Il y a des polissoirs qui laissent sur la plaque assez de rouge, sans qu'un défaut d'attention vienne encore en ajouter. Du reste, la teinte que laissent les produits sur le tamis ne permet pas de s'y tromper.

# CHAPITRE XLIII.

**Planchettes à polir.**

La planchette à polir sert à porter la plaque
pendant le polissage ; elle se compose seulement d'une planchette recouverte de drap, et
au-dessous de laquelle se trouve une poignée
qui sert à la fixer sur l'étau pour la maintenir
dans une position solide pendant qu'on agit sur
elle avec le coton et le polissoir.

Aux quatre angles se trouve une agrafe dans
laquelle on introduit chaque côté de la plaque ;
une de ces agrafes est immobile, les trois autres
sont mobiles et retiennent la plaque dans un
état parfaitement stable , au moyen d'une vis
fixée au-dessous de la planchette. Cette dernière doit être plus étroite et moins longue que
la plaque, au moins de la largeur du biseau de

celle-ci, autrement le milieu de la plaque ne se trouverait pas appuyé.

La grandeur de la planchette change avec la grandeur de la plaque ; ainsi il y a des planchettes 1/4, 1/3, 1/2, comme il y a des plaques 1/4, 1/3 et 1/2 ; mais pour toutes le système est le même.

Passons maintenant à la préparation de la plaque par les produits chimiques.

# CHAPITRE XLIV.



La plaque, jusqu'à présent, n'est pas photogénique , c'est-à-dire qu'elle n'est pas apte à
recevoir l'impression des objets à l'influence
desquels elle doit être soumise. Pour la rendre
photogénique, on emploie deux produits chimiques : ce sont l'iode et le chloro-bromure de
chaux. Ces substances sont renfermées dans
deux boîtes exactement pareilles, tantôt sépa-
rées et tantôt réunies en une seule qui, à cause
de son double compartiment, porte le titre de
boîte jumelle et est en usage aujourd'hui chez
presque tous les artistes ; elle évite le transport
de la plaque d'une boîte à l'autre, et partant
une trop longue exposition à la lumière. Chacune
de ces boîtes contient une cuvette en porcelaine

parfaitement rodée, destinée à recevoir les produits et portée par quatre élastiques qui la
forcent à s'adapter étroitement à la partie supérieure de la boîte. Cette dernière porte une
rainure livrant passage à un châssis revêtu
d'une glace dépolie qui empêche toute sortie
aux vapeurs chimiques, ou, ce qui est la même
chose, en arrête l'évaporation ; au-dessus de ce
châssis s'en trouve un autre pouvant coulisser
d'un côté de la boîte sur l'autre, c'est-à-dire
de l'iode sur le brome et réciproquement. Ce
châssis est en rapport avec la grandeur qu'on
veut préparer, 1/3, 1/4, etc.; on adapte la
plaque dessus pour la soumettre aux produits ;
il est mobile et facile à remplacer par une autre
grandeur que celle qui s'y trouve.

Cette boîte est fermée par une porte à charnières dont l'intérieur est noir, pour éviter l'action de la lumière sur ces produits. Telle est la
boîte destinée à la conservation des produits
en usage dans la préparation de la plaque.

L'un de ces compartiments contient l'iode,
l'autre le chloro-bromure de chaux ; le premier
qui doit recevoir la plaque est l'iode; après

l'avoir battue pour enlever la poussière qui pourrait s'y trouver, on la met sur le châssis mobile, la face tournée du côté des substances chimiques, puis on tire le châssis à glace dépolie, et la plaque se trouve face à face avec le produit, dont la vapeur, qui n'avait qu'une action presque insensible sur la glace dépolie, vient se concentrer sur la surface de la plaque et lui faire prendre des couleurs différentes, suivant l'épaisseur de la couche de vapeur. On la laisse exposée à la vapeur de l'iode de 25 secondes à 2 minutes, jusqu'à ce qu'elle ait pris une couleur jaune-paille un peu foncé, ce qui demande plus ou moins de temps, suivant qu'il fait plus ou moins chaud ; on doit la surveiller de temps en temps ; voici la manière de s'y prendre :

Une feuille de papier blanc est toujours placée à côté de la boîte à iode ; lors donc qu'on est prêt à examiner la plaque, on ferme le châssis pour éviter la déperdition de la vapeur et par suite l'affaiblissement du produit chimique ; puis, saisissant de la main gauche la feuille de papier et de l'autre la plaque entre le pouce et l'index, on les approche l'une de l'autre à la hauteur de l'œil ; ensuite on se baisse un peu et on consulte la plaque vivement, afin de ne pas la laisser trop longtemps à la lumière ; lorsqu'elle n'a pas encore la couleur demandée et qu'elle n'a atteint qu'une couleur verdâtre, on la remet dans le châssis sous l'influence de l'iode. On emploie toujours le même moyen pour la consulter, et on continue jusqu'à ce qu'on ait obtenu la couleur jaune-paille, presque jaune-or ; un peu plus, un peu moins foncé n'apporte pas un grand changement ; cependant il faut éviter de la laisser passer à la couleur fleur de rose. Lorsque la plaque est suffisamment recouverte de la vapeur de l'iode, on la fait passer sur la cuvette ou boîte à chloro-bromure de chaux. Selon quelques artistes, il faudrait consulter la couleur de la plaque, comme nous l'avons fait à l'iode ; mais comme l'exposition trop prolongée de la plaque à la lumière altérerait sensiblement la vigueur du portrait, nous préférons ne pas la regarder et la laisser sur cette substance de 10 à 25 secondes, suivant la température et la force du brome.

Cette dernière substance peut servir deux et même trois mois dans les temps chauds ; dans les temps froids elle peut se conserver près de six mois dans de bonnes conditions.

Nous reconnaissons si la plaque est restée suffisamment sur le brome seulement lorsque l'épreuve est tirée à la lumière et passée au mercure.

Si la plaque est restée trop longtemps exposée à l'influence du brome, le portrait est voilé et a une couleur grisâtre cendré ; si, au contraire, elle n'y est pas restée assez longtemps, il est froid, sans ton et sans vigueur.

Si la durée de l'exposition sur le brome a été exacte, retirée du mercure la plaque présente une couleur rose ; cette teinte est douce et charme l'œil. Ainsi, au lieu de juger la plaque en la soumettant au chloro-bromure de chaux, nous préférons employer les moyens que nous venons d'indiquer, et si cela présente quelques difficultés, d'un autre côté n'ayant point, en voulant l'examiner de suite, détruit une partie des propriétés du brome, nous avons la satisfaction d'avoir obtenu je dirai presque la perfection, puisque nous avons conservé tout ce que nous pouvons obtenir de cette substance.

La durée d'exposition de la plaque sur le chloro-bromure de chaux étant terminée, on la fait revenir sur l'iode pendant à peu près la moitié du temps qu'on l'a laissée sur le brome, c'est-à-dire que si la plaque est restée 15 secondes sur ce dernier, elle devra rester 8 ou 9 secondes en retour sur l'iode; après quoi on ferme le châssis et on tire le rideau du cabinet pour que la plaque ne reçoive aucune atteinte des rayons lumineux. Lorsque par ce moyen on a obtenu une demi-obscurité, on retire la plaque du châssis en la prenant entre le pouce et l'index, et on la transporte dans la planchette du châssis porte-plaques, qu'on doit toujours avoir sous la main lorsqu'on fait les préparations de la plaque, celle-ci, à partir de ce moment, est prête à recevoir le portrait, c'est-à-dire que l'on peut passer à l'exposition de la chambre noire.

Il arrive quelquefois que le portrait est voilé et grisâtre, malgré le peu de temps que la plaque est restée sur le brome : cela tient à ce que, par la grande chaleur, cette substance se trouve trop concentrée ; le moyen à employer pour éviter cet inconvénient, c'est d'ouvrir la boîte, afin de laisser le chloro-bromure de chaux à découvert pendant 2 ou 3 secondes ; cela se fait au moment de préparer la plaque.

Maintenant que nous savons ce qu'il faut faire pour rendre la plaque photogénique ou impressionnable à la lumière, il est bon de ne pas négliger certaines considérations, qui, si elles ne sont pas nécessaires pour la sortie du portrait, augmentent plutôt qu'elles ne diminuent son perfectionnement et sa valeur.

Lorsqu'un artiste vient de déposer ses produits, iode ou brome, dans ses boîtes, il ne doit pas s'en servir aussitôt, mais bien attendre 48 heures pour qu'elles puissent s'imprégner de la vapeur des produits chimiques, qui, si on les employait sur-le-champ, se partageraient entre la boîte et la plaque, et par conséquent agiraient avec beaucoup moins de force et d'énergie sur celle-ci.

Quelles que soient les manipulations, il faut

veiller à écarter, le plus possible, la lumière de la plaque, surtout lorsqu'elle a reçu les produits; aussi nous servons-nous d'un cabinet noir laissant à peine un demi-jour pour nos préparations.

La construction en est simple : il est formé par un rideau en laine noire qui entoure l'endroit où sont placées nos boîtes, et dont un côté peut se relever et s'attacher au moyen d'un petit crochet, qui laisse l'entrée au jour pendant une partie de l'opération, surtout lorsqu'il s'agit de consulter la plaque; dans ce cas, pour diminuer l'intensité de la lumière, on l'incline légèrement dans le sens de l'opérateur, qui, par une légère flexion, peut la surveiller librement; mais cet examen doit être fait très-rapidement.

Ce n'est pas que ces conditions soient de la dernière nécessité; nous ne voulons pas dire qu'en ne les remplissant pas, on n'obtiendrait point de portraits; seulement, au lieu de ces portraits chauds et vigoureux qui font l'admiration de tout amateur du beau, on n'a plus que ces chétifs portraits dont la médiocrité satisfait peu le public. Un artiste pourra tirer parfaitement le portrait, et pourtant n'avoir que de faibles épreuves, s'il a négligé de s'entourer de ces petites précautions qui à elles seules donnent au portrait sa valeur ou sa faiblesse, selon qu'elles ont été négligées ou mises à profit.

C'est toujours dans le même but que l'artiste, en passant des préparations à l'opération de la chambre noire, ne doit jamais porter le châssis contenant la plaque, si ce n'est recouvert d'une pièce d'étoffe quelconque, d'un foulard par exemple.

Il serait bon que l'opérateur pût fixer chaque matin la durée nécessaire à l'exposition de la plaque sur le chloro-bromure de chaux ; pour cela il a un moyen facile à sa disposition : il consiste à placer la plaque sur la boîte à iode, et lorsqu'elle est arrivée à la couleur jaune-paille, la faire passer sur la boîte à bromure de chaux ; on la laisse exposée en son entier à l'action du produit chimique pendant 10 secondes, puis on ferme le châssis à glace de manière à en laisser les deux tiers découverts et à l'influence du produit ; on reste ici 5 secondes, puis on ferme encore le châssis d'un autre tiers, on reste de nouveau 5 secondes. Fermer complétement, faire le retour à l'iode, rester 10 à 12 secondes, puis passer à l'exposition de la chambre noire.

De cette manière, il est facile de faire en quelques minutes un certain nombre d'essais; à la sortie de la boîte à mercure, on peut constater le temps qu'on devra laisser au bromure de chaux, d'après la meilleure teinte accusée par les diverses parties du portrait.

Cela se peut d'autant mieux que l'on n'est pas tenu à ne diviser la plaque qu'en trois parties; l'artiste peut lui donner autant de nuances qu'il voudra avoir de résultats différents.

Le chloro-bromure de chaux n'est pas susceptible de grandes variations.

Si on opère dans de bonnes conditions, et que les endroits où s'exécutent les diverses opérations soient à égale température, on est presque assuré du succès pendant des mois entiers, sans aucun changement.

On se sert ordinairement d'un petit thermomètre pour établir dans chaque pièce l'égalité de température.

Une plaque préparée à l'avance peut sans inconvénient attendre de 5 à 10 minutes l'exposition à la chambre noire ; mais la laisser des heures entières avant de faire le portrait, c'est s'exposer à de mauvais résultats, qu'on ne constate pas chaque fois qu'elle est restée longtemps préparée avant l'exposition ; mais le succès est trop douteux pour qu'on veuille encourir de telles incertitudes.

Là ne se bornent point les soins à donner à la plaque ; il en est un que nous recommandons dans toutes les circonstances, parce qu'à chaque pas on trouve l'occasion d'en faire l'application. Éviter la poussière est un des points les plus importants, et malgré toutes les précautions qu'on y apporte, il n'est pas rare d'avoir encore à en regretter la présence : nous en avons parlé lorsqu'il s'agissait d'enlever la plaque de la planchette à polir ; nous avons conseillé aussi de n'en pas laisser dans la boîte à rainure qui les renferme après le poli ; mais ici il est de la plus haute importance d'en débarrasser complétement la plaque, avant et pendant sa préparation.

Avant, s'il y a quelque temps que la plaque a été polie, on la remet sur la planchette, et on fait passer le polissoir dessus 12 à 15 fois, en appuyant assez fortement. Nous avons dit qu'il fallait veiller à ce que les boîtes qui devaient les contenir fussent toujours bien nettoyées, sans quoi elles recéleraient de la poussière; cette poussière s'attacherait à la plaque et y formerait de petits points noirs qui reparaîtraient au moment où se terminerait le portrait.

Enfin, avant de la placer sur les produits chimiques, on frappe un ou deux de ses côtés sur les angles d'une planche ou tringle, pour abattre les petits grains s'il s'en trouve.

Pendant l'opération, chaque fois qu'on retire la plaque du châssis, soit pour la consulter, soit autrement, la face doit toujours être tournée du côté de la terre ; de cette manière, la poussière ne peut pas venir se déposer à sa surface.

La plaque ainsi préparée, toutes ces précautions bien prises, on peut procéder à l'exposition de la chambre noire.

# CHAPITRE XLV.

**Exposition à la chambre noire.**

Lorsque la plaque est bien préparée, on passe alors à l'exposition de la chambre noire, ou autrement dit on fait le portait.

Après avoir fait asseoir le modèle sur une chaise ou fauteuil parfaitement d'aplomb et avoir fixé sa tête au moyen de l'instrument qui, à cause de son usage, porte le nom d'appui-tête, en ayant toutefois choisi, par avance, le lieu le mieux éclairé par la lumière, on place la chambre noire sur le pied qui doit la supporter et on la dirige bien en face de la personne dont on veut reproduire l'image ; ensuite, au moyen d'une vis d'engrenage qui permet d'éloigner ou de rapprocher l'objectif, on amène la personne au foyer, c'est-à-dire que, sur une glace dépolie, placée en arrière de l'objectif, on reçoit l'image pure et nette mais renversée de l'objet ou de la personne qui doit être reproduite. Il n'y a qu'un point où l'image offre ces conditions; si la vis est tournée un peu plus, un peu moins, on n'a plus qu'une image obscure et embrouillée, et, par suite, le portrait sera mal sorti; la glace dépolie sera remplacée par la préparation au moment de l'opération.

Voici pour la disposition de l'appareil; celle du modèle offre plus de difficulté, surtout si la personne veut choisir elle-même sa pose, qui, le plus souvent, ne lui convient pas du tout.

Dans cette circonstance l'opérateur doit toujours l'engager à prendre celle qu'elle préfère et s'attacher ensuite à la réformer, autant qu'il le pourra, pour la rendre le plus agréable possible.

Les poses les plus avantageuses sont celles-ci :

Un bras appuyé sur la table, la main tombant sur la cuisse, à moitié fermée et de manière que le petit doigt seul porte en plein sur le pantalon; l'autre bras descendant le long des côtés en demi-cercle, afin que la main vienne se poser sur le milieu de la cuisse, absolument de la même manière que l'autre.

Une pose sied assez bien, surtout aux dames : elle consiste à tenir un coude fixé sur une petite table, la tête portée par la main ; l'autre bras est disposé comme dans le cas précédent.

Quelquefois on place une des mains dans le gilet, de manière à laisser voir l'extrémité du poignet, le coude porté sur la table, l'autre bras comme pour les deux poses précédentes.

Quelles que soient les poses, il faut toujours que la personne soit bien enfoncée sur la chaise, le corps légèrement porté en avant et dirigé un peu obliquement, et la tête droite.

Faire un portrait de face est un fort mauvais système, un portrait de 3/4 est toujours préférable. S'il s'agissait d'une personne ayant un gros nez, le portrait la reproduirait avec un nez gros et épaté ; nécessairement il lui paraîtrait désagréable et on serait dans la nécessité de le recommencer.

Laisser prendre des poses pleines de raideur

et de gêne est un grand défaut ; elles doivent toujours être naturelles, sans quoi le but est manqué ; on a quelque chose du modèle, mais la ressemblance n'est pas complète, il y manque la nature.

Il faut bien se garder de laisser prendre au modèle un air triste, sévère et dur : c'est le défaut de quelques artistes. Il faut essayer de lui donner un demi-sourire, sans toutefois ouvrir la bouche ; un air de contentement, qui donne au portrait une grâce qu'il n'aurait pas dans le cas contraire ; faire en sorte qu'il se forme le moins de plis possible sur la figure. Toutes ces observations sont l'affaire d'un moment pour un artiste expérimenté ; au premier coup d'œil il aperçoit tous les petits défauts et s'empresse d'y porter remède.

Ces dispositions étant terminées, on prend la glace dépolie qui se trouve dans la chambre noire et on la remplace par le châssis et la plaque ; en ce moment, on donne l'ordre de rester dans l'immobilité la plus complète ; le moindre mouvement, dans quelque partie que ce soit, entraîne la perte complète de l'épreuve, qui vient embrouillée complétement, et quelquefois même la partie remuée se trouve deux fois reproduite ; puis on tire la planchette qui couvre le châssis. On enlève la capsule qui bouche l'objectif, la plaque est soumise aux rayons lumineux, l'épreuve se fait.

Le temps qu'elle reste ainsi exposée est en rapport avec la plus ou moins grande quantité de lumière et la température du lieu dans lequel on opère. Par une belle lumière, il n'est besoin que de 4 à 30 secondes, suivant qu'elle est plus ou moins vive ; par le mauvais temps, la pose devient double ou triple, suivant que le temps est plus ou moins couvert de nuages. Si le portrait vient brûlé, c'est-à-dire trop blanc, la durée de l'exposition à la chambre noire a été trop longue; si au contraire il vient noir, c'est qu'il n'est pas suffisamment sorti; dans l'un et l'autre cas le portrait est manqué. Lorsque le temps est couvert de nuages blancs, comme ils laissent facilement passer la lumière, l'opération est très courte et la réussite plus heureuse que par les grands soleils; l'expérience est le meilleur maître à cet égard. Il n'y a pas de temps bien fixe lorsqu'on travaille en chambre, il faut beaucoup d'habitude pour réussir.

Voici pour ce qui concerne le portrait.

Pour les monuments, paysages, gravures ou lithographies, l'opération est plus de moitié moins longue, quoiqu'il existe les mêmes rapports de lumière. Les peintures ont plus de peine à se fixer sur la plaque, la durée de l'exposition augmente en raison de ce que les couleurs sont foncées ; elle est du reste à peu près toujours plus longue que pour le portrait.

La disposition des objets par rapport à la chambre noire doit aussi être le motif d'une sérieuse attention : il faut veiller à ce qu'ils soient tous placés sur le même plan, autrement les plus rapprochés seraient trop gros et les plus éloignés tomberaient dans le défaut contraire ; il ne faut pas non plus qu'ils soient trop de côté : ou ils sortiraient mal, ou ils ne sortiraient pas.

On est obligé quelquefois de remédier au défaut de lumière ou à sa trop grande quantité ; les fonds, les verres bleus et les rideaux sont les moyens mis en usage.

# CHAPITRE XLVI.



**Des fonds, rideaux et verres bleus.**

Par fonds on entend une pièce d'étoffe destinée à augmenter ou à diminuer l'intensité de
la lumière.

Ces fonds doivent se trouver à 15 ou 20 centimètres derrière le modèle, ils se détachent
mieux sur le portrait ; il faut aussi qu'en hauteur ils se trouvent à demi-mètre environ plus
haut que grandeur d'homme, ce qui donne à
l'artiste la facilité de faire des portraits en
pied ; ils changent de couleur suivant les sai-
sons ; par les temps clairs, on se sert du fond
gris sombre ; par les temps couverts de nuages,
le fond bleu clair est bien préférable. Quant à
l'étendue du fond en largeur, elle dépend de
l'emplacement de l'artiste, suivant que la pièce

ou terrasse sur laquelle il opère est plus ou moins vaste.

Il est une considération très importante qui ne doit pas être oubliée : c'est que le fond doit être bien tendu et ne former aucun pli ou bosse ; sans quoi on serait à même de constater ces défauts sur l'épreuve, ce qui produirait un très mauvais effet.

Soit au vitrage, lorsque l'artiste dispose d'une terrasse, soit aux fenêtres, il doit toujours y avoir des rideaux qui coulissent avec facilité. Ces rideaux ne doivent être employés que lorsque le soleil brille et frappe sur le modèle ou sur le fond ; l'endroit qui recevrait les rayons lumineux se trouvant éclairé plus vivement viendrait beaucoup plus vite et par conséquent serait beaucoup trop blanc. Afin de diminuer le moins possible la quantité de lumière dont on peut disposer, il faut que ces rideaux soient blancs, et seulement de l'épaisseur nécessaire pour que le soleil ne pénètre pas à travers ; quelquefois, lorsque la lumière est très vive, il existe des personnes dont les yeux ne peuvent pas en supporter la force, alors les rideaux sont encore d'une grande utilité. Pour ce dernier cas quelques artistes ont des vitrages en verre bleu, d'autres se contentent de faire peindre leurs verres blancs en bleu; ce moyen, quoique très bon pour le cas que nous venons de citer, a l'inconvénient d'allonger beaucoup la pose suivant la teinte plus ou moins foncée donnée au verre, ce qui est très désagréable surtout lorsqu'il s'agit de portraits d'enfants ou de vieillards, qui le plus souvent ne peuvent déjà pas rester le temps nécessaire sans remuer. Après avoir fait l'essai de ce système, nous avons reconnu que le verre blanc lui est de beaucoup préférable, attendu qu'il ne diminue presque pas la lumière et que nous avons recours à nos rideaux lorsqu'il s'agit de personnes dont les yeux ne peuvent pas supporter cette grande lumière.

Passons maintenant à l'opération qui détermine la présence du portrait, l'opération du mercure.

# CHAPITRE XLVII.



### Opération du mercure.

Lorsqu'on juge la plaque suffisamment exposée aux rayons lumineux, on referme le
châssis et on recouvre l'objectif de sa capsule :
le portrait est fait. Si au sortir de la chambre
noire on examinait la plaque, on n'apercevrait
encore aucune trace du portrait; rien ne peut
le révéler, et il reste à l'état latent jusqu'à ce
qu'il ait ressenti l'influence des vapeurs mercurielles.

Aussitôt que la planchette contenant le châssis
et la plaque sont retirées de la chambre obscure, on passe dans un petit cabinet noir exactement semblable à celui où se font les préparations de la plaque ; là se trouvent une ou
plusieurs petites boîtes renfermant une capsule
en faïence, munie d'un petit thermomètre et
que l'on peut chauffer en plaçant dessous une

lampe modérateur à esprit-de-vin ; dans cette capsule se trouve du mercure, en quantité plus ou moins considérable, suivant la grandeur de la boîte. Arrivé dans ce cabinet, on détache de la planchette le châssis-plaque muni du portrait et on l'introduit dans la boîte à mercure en l'inclinant légèrement, de manière que les deux extrémités de la planchette aillent tomber exactement sur deux tringles obliques fixées sur les deux côtés de la boîte à mercure.

Au moment de l'introduction de la plaque, le mercure doit être chauffé de 65 à 70 degrés, que l'on peut remarquer sur le thermomètre, placé de manière qu'à la lueur d'une bougie on puisse constater à quel point il se trouve.

Il ne faut pas attendre que l'épreuve soit tirée à la chambre noire pour chauffer le mercure, on doit au contraire l'amener à 65 degrés avant de procéder à l'exposition à la chambre noire ; seulement on a soin d'abaisser la lampe de manière que le mercure reste à peu près stationnaire jusqu'à ce qu'on soit de retour ; un point important est de veiller à ce qu'il ne dépasse jamais le degré indiqué, car arrivé au dernier, il briserait le thermomètre et occasionnerait des taches sur le portrait, si ce dernier se trouvait en ce moment soumis à l'action du mercure.

Il est une bonne précaution à prendre, que nous recommandons pour éviter de les casser : c'est de souffler la lampe avant de retirer le portrait, et au moment juste, à chaque fois que l'on retire une nouvelle épreuve de la boîte, au cas où l'on aurait plusieurs épreuves à faire de suite. 2 ou 3 minutes forment tout au plus le temps que le portrait doit rester exposé aux émanations mercurielles. S'il arrivait que le thermomètre marquât un degré trop élevé, qu'il dépassât 72 à 75 degrés, il faudrait laisser l'épreuve quelques secondes de moins dans la boîte.

Malgré cette ressource, on doit néanmoins toujours éviter avec soin de le monter plus haut que 75, sinon on obtient sur le portrait une teinte cendrée et un voile à peu près semblable à celui occasionné par la trop grande quantité de chloro-bromure de chaux. D'autres fois on obtient des placès criblées de points ayant toute l'apparence de sable ou de poussière qui serait tombée sur cette partie de la plaque ; cet effet se produit particulièrement sur les vêtements noirs et surtout sur les velours ; ces voiles et ces places sablées se forment aussi quelquefois sur les parties de la plaque qui n'ont pas été suffisamment décapées ; un peu de pratique fera distinguer sans peine à l'opérateur si ces défauts proviennent de l'un ou l'autre cas.

Chauffer trop peu le mercure est aussi un grand inconvénient : dans ce cas, le portrait ne sort pas suffisamment, il n'a que des tons froids sans aucune vigueur.

Par les temps de grande chaleur, ou bien lorsqu'il fait très humide, il est nécessaire de chauffer un peu moins fort que dans les temps ordinaires , autrement le portrait viendrait voilé ou sablé, comme il a été expliqué précédemment ; quelquefois aussi ce seraient des espèces de placards qui produiraient le même effet que si la plaque n'était pas suffisamment polie.

Quelquefois il se déclare des taches blanches sur la plaque ; elles viennent également du mercure. Tantôt elles ont pour cause l'inégalité de la température des pièces où l'on a opéré , tantôt la nécessité de nettoyer les boîtes à mercure et de leur enlever ces vapeurs blanchâtres qui les recouvrent intérieurement ; souvent un trop grand abaissement dans la température, une trop grande élévation, amènent le même résultat.

Ces taches arrivent aussi lorsqu'on a trop chauffé le mercure, et quelquefois enfin elles seront occasionnées par la présence de quelques bulles de mercure qui pourraient s'être dispersées çà et là dans la pièce ou cabinet où a lieu l'opération ; c'est pour cette cause qu'il faut éviter avec le plus grand soin de casser des thermomètres, car cet accident occasionne toujours un renversement de mercure dans la pièce où l'on opère.

On peut du reste arriver quelquefois à faire disparaître en partie ces taches, en chauffant adroitement au sel d'or ; le mercure, s'il n'est pas en trop grande quantité, s'évapore sous l'influence de l'or et abandonne la plaque. Malheureusement il n'en est pas toujours ainsi :

souvent il persiste, et on est obligé d'abandonner le portrait, pour ne pas s'exposer à faire sauter l'argent en chauffant trop fortement la plaque, ce qui ferait deux graves accidents au lieu d'un.

Souvent même ces taches blanches, surtout lorsqu'elles proviennent de ce que le mercure a été chauffé à un trop haut degré, persistent et reparaissent encore après un nouveau poli de la plaque; on est alors obligé de rejeter celle-ci, elle ne peut plus servir.

On se sert d'un petit sablier pour régler le temps que le portrait doit rester au mercure. Pour les artistes fort peu aidés par l'expérience, ils peuvent, après une minute et demie environ, allumer une petite bougie dite rat-de-cave, et examiner à quel point en est la venue du portrait au moyen d'une petite glace située au-devant de la boîte à mercure; le regarder avant le temps fixé serait inutile, il ne peut être suffisamment venu. Cet examen doit se faire très rapidement; s'il était trop prolongé, le portrait perdrait de sa vigueur et de l'énergie de ses tons. Aussitôt le temps que le portrait doit rester au mercure écoulé, on souffle la lampe, on retire le châssis au moyen du petit bouton ou lanière en cuir qui y est fixé, puis on jette un coup d'œil sur la plaque, pour reconnaître si le portrait est bien ou mal venu. S'il est bien venu, on procède à l'opération du fixage ; si au contraire il est ou trop blanc, ou trop noir, ou mauvais, enfin, à cause de quelqu'un des accidents que nous avons signalés, on doit repolir la plaque et en faire une autre de suite.

Il est d'une grande utilité de nettoyer les boîtes et de filtrer le mercure. Après quelques jours de travail, si on ne le faisait pas, on s'exposerait à avoir à constater la présence des voiles dont nous avons parlé plus haut. Pour nettoyer les boîtes, on prend un petit linge et on enlève les vapeurs de mercure déposées à l'intérieur ; quelquefois même, et si ces vapeurs étaient en très-grande quantité, on pourrait se servir d'esprit-de-vin ou d'éther pour les enlever, en ayant bien soin de faire prendre l'air aux boîtes lorsqu'on aurait employé l'un ou l'autre de ces produits. Pour filtrer le mercure,

on prend une feuille de papier dont on forme
un cornet, ayant soin de laisser une ouverture
très-petite au petit bout du cornet, que l'on met
dans un flacon ; puis on verse le mercure qui
se trouve dans la capsule dans le grand côté du
cornet de papier. Le mercure filant dans le flacon, laisse dans le papier toute la poussière ou
impureté qu'il pourrait contenir. Il faut bien
faire attention, au moment où la dernière goutte
est pour passer, de la retenir en ployant le bout
du papier ; cette goutte, en passant, entraîne-
rait avec elle une partie des impuretés qui sont
restées dans le papier ; l'opération serait à recommencer, puisque les saletés se trouveraient
de nouveau mêlées au mercure.

La quantité de mercure nécessaire dans les
boîtes varie selon la grandeur qu'on veut employer.

Elle est de 500 gr. pour la grandeur 1/4.

— 1,000 gr. pour la grandeur 1/2.

— 1,500 gr. pour la grandeur entière.

Nous allons maintenant procéder au lavage
et au fixage du portrait par l'hyposulfite de
soude et le sel d'or.

# CHAPITRE XLVIII.

**Lavage à l'hyposulfite de soude, et fixage au sel d'or.**


Lorsque le portrait est bien venu , pour peu que l'on promène sur la plaque le corps le plus léger, les barbes d'un pinceau bien fin et bien mou par exemple, le portrait disparaît ; il a donc fallu parer à cet inconvénient au moyen d'une cinquième opération , le fixage au sel d'or. Mais auparavant il faut dégager la plaque des substances chimiques qui forment une es- pèce de couche ou voile qui recouvre le por- trait.

Dans une cuvette en faïence ayant environ 4 ou 5 centimètres de profondeur, verser à peu près deux tiers d'hyposulfite de soude préparé, y plonger la plaque d'un seul coup dès qu'elle est sortie du châssis ; si en la mettant dans la bassine on faisait des temps d'arrêt, il y aurait autant de barres formées par l'hyposulfite sur le portrait que l'on se serait arrêté de fois en plongeant la plaque dans le bain ; ces taches ne peuvent quelquefois jamais s'effacer. Agiter pendant 1 minute environ la bassine qui contient la plaque, pour aider celle-ci à se débarrasser des produits chimiques, puis la transporter dans une cuvette semblable à la première, et dans laquelle on a versé auparavant de l'eau filtrée très-pure ; agiter, comme pour l'hyposulfite de soude, pendant 1 minute environ. Ainsi que pour l'hyposulfite, il faut qu'au moment où l'on plonge la glace dans l'eau, elle en soit recouverte partout au même instant. Ce lavage a pour but de débarrasser la plaque de l'hyposulfite de soude qui s'y trouve et qui occasionne plus tard des taches dans le portrait.

Si la composition d'hyposulfite de soude est trop forte, il se forme sur la plaque des petits points noirs ; si au contraire elle ne l'est pas assez, la plaque ne se dégage pas suffisamment

de la couche d'iode ou de brome qui la recouvre.

Éviter surtout de mettre la plaque dans la
bassine contenant l'eau, au lieu de la mettre
dans celle à l'hyposulfite ; cela formerait des
marbrures sur le portrait, et il serait impossible de les faire disparaître.

Lorsqu'on retire la plaque de l'une ou de
l'autre des deux cuvettes, on la prend par un
de ses angles pour la transporter de l'hyposulfite dans l'eau, et de l'eau sur le pied à chlorurer ; mais avant de la mettre sur celui-ci, on
doit verser dessus de l'eau filtrée pour la rincer. Lorsqu'elle est fixée sur le pied à chlorurer, on verse sur la surface de l'eau distillée de
manière à bien en établir le niveau ; puis par
un de ses angles on en débarrasse la plaque,
et on remplace cette eau par une solution de sel
d'or (Fordos et Gélis), bien supérieur au chlorure d'or, et qui a l'immense avantage de se
gâter difficilement et de ne jamais devenir noir
comme celui-ci ; après quoi on fait passer dessous une lampe à alcool jusqu'à ce qu'on voie
le portrait bien sortir, c'est-à-dire devenir plus

riche en tons et en vigueur. On doit apporter à cette opération une attention toute particulière; elle demande un peu de pratique de la part de l'opérateur.

Néanmoins, lorsque la vue ne départ pas de dessus le portrait, il est assez facile de s'apercevoir du changement de ton qui s'y opère. On commence par chauffer modérément avec la lampe en la promenant sous la plaque, puis on se retire un peu, afin que la vapeur se dissipe un instant. Recommencer à chauffer de nouveau jusqu'au moment où le portrait commence à changer de ton; s'arrêter encore quelques secondes seulement, puis recommencer jusqu'à ce que le portrait ne change plus; là est le moment critique : si on cesse de chlorurer, le portrait n'est pas assez fixé; si on continue trop longtemps, l'argent, trop fortement chauffé, se détache de la plaque, le portrait est gâté et la plaque perdue; l'expérience seule peut donner le moment exact où il faut s'arrêter.

En chlorurant le portrait, il se forme souvent de petites bulles auxquelles il ne faut nullement s'arrêter; ces bulles ne se forment en plus ou moins grande quantité que suivant la force du sel d'or, ou la quantité plus ou moins grande qu'on en a mise sur la plaque.

Lorsque la plaque est suffisamment chlorurée, au moyen d'une petite pince on la saisit par un de ses angles pour déverser le sel d'or qui la recouvrait dans une grande cuvette placée aux pieds de l'opérateur, et destinée à recevoir les eaux après leur service ; on doit tenir la pince de la main droite, et de la gauche un flacon contenant environ un demi-litre d'eau distillée, dont on verse à peu près la dixième partie sur la plaque que l'on tient inclinée ; puis, reprenant la lampe à alcool, on la fait passer doucement sous la plaque, qu'on tient toujours, avec la pince, de la main droite et dans la même position pour la sécher lorsque l'eau l'a abandonnée ; s'il en reste quelques gouttelettes vers le pied, on souffle dessus pour les faire disparaître ; puis, avec un petit linge blanc, on essuie le bas de la plaque, auquel quelques gouttes d'eau ont pu rester encore fixées. L'opération du fixage est terminée ; la plaque apparaît brillante et d'un

blanc mat. Le portrait doit être devenu beaucoup plus vigoureux et plus mat qu'il ne l'était
après avoir passé seulement par lavage à l'hyposulfite et à l'eau.

# CHAPITRE XLIX.



### Préparation de l'hyposulfite de soude.

La solution d'hyposulfite de soude dont on se sert pour débarrasser la plaque des vapeurs d'iode et de chloro-bromure de chaux dont on l'avait recouverte pour la rendre photogénique, se prépare de la manière suivante :

Dans un flacon contenant un demi-litre d'eau distillée, on verse 50 grammes d'hyposulfite de soude, on agite fortement le flacon en tous sens jusqu'à parfaite dissolution du produit ; lorsqu'il ne reste plus d'hyposulfite en grains dans le fond du flacon, au moyen d'une feuille de papier gris à filtrer que l'on dispose en filtre dans un entonnoir en verre, on filtre la solution en la faisant passer dans le flacon qui doit la contenir. La cuvette ou bassine dans laquelle on met la plaque pour la laver doit être d'un tiers plus grande, afin qu'on puisse l'agiter facilement. La même observation est applicable à la cuvette devant contenir l'eau filtrée.

# CHAPITRE L.



**Préparation du sel d'or.**

Dans un flacon bouché à l'émeri et contenant un litre d'eau distillée, on met 1 gramme de sel d'or. Agiter fortement pendant 2 ou 3 minutes pour accélérer la dissolution , puis filtrer et l'introduire dans un flacon destiné à la conserver pendant tout le temps qu'on doit s'en servir. On peut l'employer aussitôt.

Il n'est pas nécessaire, cependant, de préparer un litre de sel d'or à la fois; on peut très-bien n'en faire qu'un demi-litre ou un quart de litre, en divisant le gramme de sel d'or en deux ou quatre parties , suivant la quantité qu'on veut avoir. C'est une des compositions dont le prix est le plus élevé, et c'est en raison de sa valeur qu'on établit le niveau de la plaque sur le pied à chlorurer avec de l'eau distillée ; pour éviter toute déperdition du sel d'or en le plaçant sur la plaque, si elle n'était pas parfaitement droite, il faut veiller à ce qu'il ne reste pas une seule partie de la plaque qui ne soit recouverte de la solution, autrement il se formerait sur le portrait des taches noirâtres déterminées par l'absence du sel d'or.

Il doit rester le moins possible exposé à l'air libre; aussi, lorsque le travail est terminé, est-il bon d'entourer le flacon d'une feuille de papier; il ne doit pas rester non plus exposé à un trop grand froid, mais rester, autant que possible, soumis à une chaleur douce et modérée.

# CHAPITRE LI.



## Des couleurs et pinceaux.

Les couleurs que nous employons pour la plaque sont les mêmes que celles déjà indiquées (chapitre **XXXIII**) pour le coloris des épreuves sur toile et verre, c'est-à-dire :

Pour la figure et les mains :

>Le carmin.
>
>L'incarnat.
>
>La chair femme très-fraîche ou laque capucine.

Pour les habits et les fleurs :

>Le carmin.
>
>Le bleu foncé.
>
>Le vert foncé.
>
>Le violet.
>
>Le jaune.

L'artiste, en mélangeant avec goût les tons que nous indiquons, peut donner à ses portraits un certain relief, une certaine vigueur, qui, en charmant l'œil, assurent à l'artiste une popularité méritée.

Les autres couleurs que celles que nous venons d'indiquer sont généralement peu satisfaisantes quant aux résultats qu'elles amènent. Avant de s'en servir, on doit broyer les couleurs de manière à en former une poudre fine et impalpable ; cette trituration se fera avec de fortes piles en verre ; mais comme cela demande beaucoup de temps et de fatigue (presque un jour de travail pour les amener au degré convenable), nous croyons qu'il est préférable de les acheter broyées que de faire ce travail soi-même ; il faut presque autant de peine pour en broyer peu que pour en broyer beaucoup.

Lorsqu'il s'agit de bagues, broches, chaînes, breloques, bracelets, etc., nous nous servons de coquilles d'or et d'argent.

Ce que nous appelons la couleur chair femme très-fraîche est la laque capucine, le vert foncé ou vert émeraude, le bleu foncé ou bleu de Prusse, le chrome orange, le blanc d'argent, la Sienne brûlée, le sang de dragon, le carmin d'indigo.

Toutes ces couleurs peuvent se mélanger à volonté pour obtenir des tons différents.

Il faut bien se rappeler qu'elles doivent toujours être employées à sec, et en poudre fine et impalpable.

Les pinceaux en usage pour poser les couleurs daguerriennes doivent être en nombre aussi considérable que les couleurs, celles-ci devant avoir chacune son pinceau particulier. Ils doivent être fins et mous, pour ne pas effacer le portrait en le coloriant.

Les pinceaux que nous recommandons sont la martre, les pinceaux à marbrer, le petit gris, les pinceaux plume de pigeon ; celui dont on se sert pour faire les joues et les lèvres doit être plus fort et plus terminé en pointe.

# CHAPITRE LII.

### Coloriage des épreuves daguerriennes.

On ne doit jamais songer à colorier une épreuve si elle n'est bien fixée, car autrement le pinceau, dans sa marche, rayerait la plaque, et l'épreuve serait perdue. Il faut donc, avant de poser les couleurs, être bien certain qu'on est resté un temps assez long au sel d'or.

Sur un carton très-propre on verse une pincée de la couleur dont on doit se servir; puis, plaçant une petite feuille de papier blanc sur les couleurs et appuyant fortement avec le pouce, on les fait adhérer au carton, sur lequel elles doivent rester; on fait de même pour toutes les couleurs dont on a besoin.

Pour colorier une épreuve, on la prend de la main gauche, entre le pouce et les autres

doigts; puis, prenant son pinceau de la main
droite, on le fait passer légèrement sur les
couleurs, pour le reporter ensuite sur le portrait. On commence par la couleur chair qu'on
applique sur les parties bleues du visage, et
ensuite sur les mains; plus ces différentes parties seront bleues ou noires, plus nécessairement elles devront recevoir de couleur; on
passe ensuite au carmin, qu'on dépose légèrement sur les lèvres et les joues; on emploie
encore les couleurs pour les rubans, les habits
d'uniforme, les fleurs que l'on pourrait placer
comme accompagnement au portrait.

Quelquefois la quantité dont on s'est servi
est trop considérable ou est mal répartie;
alors, on prend un blaireau très-mou qu'on
promène doucement, à droite et à gauche, sur
la partie qui en contient le plus. De même, il
peut arriver qu'on n'en ait pas placé suffisamment; alors, on peut en ajouter avec son pinceau; il faut appuyer légèrement et ne pas
trop colorier le portrait, la ressemblance serait
détruite. Ainsi appliquées, les couleurs se conservent très-longtemps.

Voici pour ce qui concerne les couleurs à sec; pour les couleurs mouillées, elles ont le désavantage de ne pouvoir s'enlever après avoir été posées; avec elles, il est très-difficile de ne pas détruire la ressemblance, à cause des déviations que le pinceau peut facilement éprouver et auxquelles il est impossible de remédier.

Pour fixer les couleurs employées à sec, on met la plaque dans une cuvette ou bassine contenant de l'eau distillée; mais il faut bien se garder de l'agiter ; puis, après l'y avoir laissée 2 ou 3 minutes, on la prend avec une pince par un de ses angles et on la tient légèrement inclinée sur une lampe à esprit-de-vin ; l'eau s'écoule, à l'exception de quelques gouttelettes seulement qui viennent se déposer au pied de la plaque; aussitôt que la lampe est retirée, on souffle pour enlever les gouttes d'eau; et s'il s'en trouve encore, ce qui arrive presque toujours, on les essuie avec un petit linge.

C'est ici le moment de parler de la manière de poser les couleurs sur les bagues, bracelets, montres, chaînes, etc. ; c'est là surtout que se produit une véritable difficulté, celle de ne pas détruire en les apposant le dessin que ces objets comportent. Ayant deux godets, l'un d'or, l'autre d'argent, suivant que la montre, la bague, etc., sont en or ou en argent, on verse 1 ou 2 gouttes d'eau distillée dans celui dont on veut se servir, puis 4 ou 5 gouttes dans un autre godet; les pinceaux dont on se sert doivent être durs et pointus; il ne faut les mouiller que fort légèrement et faire en sorte de ne poser que ce qui est nécessaire, autrement on ne pourrait pas enlever les couleurs, ou bien il faudrait lancer la plaque sur-le-champ dans une bassine pleine d'eau distillée, frotter avec un pinceau dur et pointu l'endroit où elles se trouvent en trop grande quantité, et sécher à la lampe à esprit-de-vin. L'épreuve est complétement perdue, à moins de hasards, lorsqu'il faut recourir à cette opération.

# CHAPITRE LIII.



## Encadrements.

Lorsque la plaque a passé par toutes les diverses phases que nous avons indiquées : le poli, les préparations chimiques, l'exposition à la lumière, l'apparition du portrait au mercure, le lavage à l'hyposulfite, le fixage et enfin le coloris, elle est complétement terminée.

Cependant, si on la laissait ainsi, elle ne resterait pas longtemps ce qu'elle est au sortir des mains de l'artiste ; au contact de corps étrangers elle se verrait bientôt rayée et forcée même quelquefois de disparaître en entier sous leur pression ; pour la préserver de leur atteinte, on a recours à l'encadrement. Les cadres ou passe-partout les plus employés sont ceux à fond chocolat ou noir, à biseau. Les cadres ovales sont aussi généralement d'un fort bel effet pour les épreuves daguerriennes, mais il faut toujours les prendre un peu plus petits que la plaque, pour cacher les défauts qui pourraient se trouver sur les bords.

Avant de se servir d'un passe-partout, quel qu'il soit, on l'ouvre avec un grattoir sur trois de ses côtés, de manière à former une porte ; puis, après l'avoir nettoyé de telle sorte qu'il n'y ait ni poussière ni corps gras, on y introduit la plaque ; celle-ci doit être bien droite et laisser, entre la tête et le biseau, un espace d'environ 1 ou 2 centimètres ; si, dans l'un ou l'autre des côtés de la plaque, se trouvent quelques taches ou défauts, bien entendu qu'ils doivent être cachés par le passe-partout ; lorsque la plaque est parfaitement placée, on la fixe au cadre avec 3 ou 4 étiquettes gommées ; on attache les deux côtés libres de la porte avec deux épingles, et on recouvre le tout d'une feuille de papier fort, de la grandeur du passe-partout, auquel on la fixe avec de la colle de pâte.

Il existe un genre de passe-partout qui offre

un assez grand inconvénient : je veux parler de celui dont le biseau laisse rouler sur la plaque des petits grains d'or ou d'argent, qui s'en détachent incessamment ; nous conseillons de ne pas s'en servir.

L'encadrement le plus distingué se fait à l'aide d'écrins, de portefeuilles, porte-cigares, porte-monnaie, broches, tabatières, médaillons, imitation de montre, souvenirs, etc., dont les verres doivent toujours être concaves, pour éviter le froissement du portrait et du verre.

# CHAPITRE LIV.


**Des produits chimiques.**

Dans une des cuvettes composant la boîte aux préparations chimiques pour la plaque, et dont nous avons déjà parlé, on met 75 à 80 grammes d'iode en poudre auxquels on ajoute 2 ou 3 grammes de chaux hydratée en poudre. Cette dernière substance est destinée à enlever à l'iode l'humidité dont il aurait pu s'emparer, et chaque fois qu'on suppose que l'iode est devenu humide on ajoute 1 ou 2 grammes de cette même chaux. Lorsque ces deux substances sont unies, on agite la boîte pendant 1 ou 2 minutes.

Dans l'autre cuvette on met environ 100 grammes de chloro-bromure de chaux ; on agite pendant une demi-minute et on laisse reposer pendant 24 heures; après ce temps il peut servir indéfiniment. Quelquefois cependant, lorsqu'il sert depuis plusieurs mois, il perd de son énergie et prend une couleur blanc jaunâtre; il n'a pas perdu de sa valeur.

On reconnaît qu'il devient faible lorsqu'on est obligé de laisser la plaque plus longtemps exposée à ses vapeurs; tant qu'elle n'y reste pas plus de 20 à 25 secondes, on peut n'y apporter aucun changement; mais si cependant la durée de l'exposition de la plaque sur le chloro-bromure de chaux devient trop longue, voici le procédé à employer pour lui faire retrouver ses propriétés premières : on prend un petit godet en verre ou en porcelaine que l'on met au milieu de la cuvette à chloro-bromure de chaux; on verse 2 ou 3 gouttes de brome pur et on laisse reposer un jour, après avoir hermétiquement fermé la boîte. Si on faisait usage de bromure de chaux, on agirait de même pour lui rendre ses propriétés. Quand on opère avec le bromure de chaux, la plaque doit rester à l'iode jusqu'à ce qu'elle soit devenue couleur fleur de rose; on la transporte sur le bromure de chaux ; elle doit y rester de 30 à 60 secondes ; de retour à l'iode, le temps est exactement le même que sur le chloro-bromure de chaux, et la plaque est préparée.

# CHAPITRE LV.



**Composition du chloro-bromure de chaux.**

Il faut préparer, dans une cuvette en faïence
ou porcelaine comme celle dont nous avons
parlé plus haut, de la chaux hydratée en petits
grains ou pierres, la réduire en poudre et la
passer au tamis; elle est bien préférable, attendu qu'elle s'imprègne plus facilement des
produits chimiques. Cette cuvette doit être parfaitement rodée et fermée hermétiquement, de
manière à faire obstacle à la sortie des vapeurs
ou à l'entrée de l'air. Si cette cuvette est de
grandeur demie, on pourra y mettre de 70 à
100 grammes de chaux hydratée tamisée; on la
répartit uniment au fond de la cuvette, puis on
tire la glace dépolie qui fait tiroir sur cette
dernière; dans un petit godet en verre ou en

porcelaine placé au milieu de la chaux, on verse environ 25 grammes de brome pur concentré, plutôt moins que plus ; il n'est pas nécessaire de les peser , puisque c'est la couleur de la chaux qui arrêtera l'opération. La chaux, lorsqu'on l'emploie, doit être un peu humide. Quand le brome est versé dans le petit godet, fermer hermétiquement la boîte et laisser reposer 24 heures ; ce temps écoulé, ouvrir de nouveau la boîte : le brome a dû être absorbé en son entier par la chaux. Verser dans le godet 1 à 2 gouttes de fluorure de brome (cette dernière substance n'est pas rigoureusement nécessaire à la préparation du chloro-bromure); fermer la boîte ; 24 heures après, regarder de nouveau ; si cette composition n'était pas entièrement absorbée, on retirerait le petit godet pour jeter l'excédant, puis on remue la chaux pendant 1 ou 2 minutes avec un petit bâton en bois ou un tube de verre.

Lorsqu'on a ainsi agité cette préparation, on remet le godet au milieu de la cuvette, on verse dedans 20 grammes de brome pur concentré ; de deux en deux heures environ on consulte la

couleur de la chaux, qui ne sera arrivée à son
terme que quand elle aura pris une belle couleur rouge foncé ; alors il faudra retirer le godet
et jeter l'excédant de brome ; si au contraire,
après l'absorption entière du brome, la chaux
n'avait pas atteint la couleur désirée, il faudrait
de nouveau mettre du brome dans la capsule
ou godet jusqu'à ce qu'elle ait atteint la couleur
demandée ; après quoi on jette l'excédant de
brome s'il y en a, et on agite la chaux comme
précédemment, mais pendant très peu de temps.
On remet de nouveau le godet au milieu de la
cuvette, on verse quelques gouttes de chlorure
de brome pur concentré, dont les vapeurs feront
pâlir la chaux et lui donneront une teinte jaune
soufré très prononcée ; on remue le mélange
comme dans les cas précédents, et sous ce ton
pâle et décoloré, il se formera une couleur
rouge sang de bœuf très vive ; agiter de nouveau jusqu'à faire absorber les vapeurs de chlorure de brome, et continuer cette opération
jusqu'à ce que la couleur soit la même partout et que l'on aperçoive des vapeurs rouge
jaunâtre dans la partie vide de la capsule ,

vapeurs dont on n'a pas à craindre la combinaison avec la chaux saturée ; on renferme la chaux et le chlorure de brome dans un flacon à large ouverture bouché à l'émeri, et on le secoue fortement de temps à autre (2 minutes) pendant 2 ou 3 jours. Il est de toute impossibilité de fixer avec précision les proportions qui existent entre la chaux, le chlorure de brome , le brome lui-même ; elles sont en raison du plus ou moins d'eau contenue dans la chaux. Cette substance est-elle trop sèche, elle absorbe difficilement les vapeurs de brome; au contraire, est-elle trop humide, elle en absorbe une trop grande quantité et finit même par se combiner avec elle, ce qui amène un très mauvais résultat. Il faut dans ce cas procéder par tâtonnement et se guider sur les couleurs : rouge foncé pour la chaux qui n'a encore reçu que le brome, et rouge sang de bœuf lorsqu'elle est passée par les vapeurs de chlorure de brome.

L'odorat peut aussi être d'un grand service dans cette circonstance : il faut que la composition jette une forte odeur de chlorure de brome, et agisse avec force sur les narines, même à une assez grande distance. Si malgré l'intensité de la couleur, elle n'accusait qu'une odeur bromoforme ou iodoforme, sans toutefois attaquer les organes, c'est qu'alors il y aurait eu combinaison pour les substances, et la préparation ne remplirait pas le but pour lequel elle a été faite. Pour remédier à cet inconvénient, on pourrait ajouter peu à peu une certaine quantité de chaux hydratée, bien sèche, et, s'il le fallait, du chlorure de brome en vapeur. On comprendra cependant qu'un peu de pratique est nécessaire pour préparer cette composition ; il n'est pas rigoureusement nécessaire de garder les mêmes proportions et d'obtenir exactement les mêmes couleurs ; cependant, plus on s'en rapprochera, meilleure sera la préparation, meilleur aussi devra être le succès.

Voici pour ce qui concerne les artistes ou amateurs ; les proportions sont en petite quantité. Si nous nous adressions à un fabricant de produits chimiques, au lieu de le préparer en quantité si peu considérable, nous lui dirions : prenez un immense flacon à l'émeri au lieu de la capsule, versez une bonne quantité de chaux et agissez comme nous avons dit précédemment.

Dans le cas où le chloro-bromure de chaux deviendrait humide, il faudrait y ajouter du bromure de chaux tel qu'on le prépare habituellement, un quart de la quantité du chloro-bromure, fermer hermétiquement ; 24 heures après il a repris ses propriétés. S'il se réunissait en petites mottes, il faudrait les écraser.

## CHAPITRE LVI.

**Bromure de chaux. — Sa composition.**

Pour les artistes qui ne font pas usage du
chloro-bromure de chaux et qui emploient le
bromure de chaux, nous leur en donnons ici
la composition. Dans une assiette, ou vase de
forme à peu près semblable, on place un morceau de chaux vive ; on verse quelques gouttes
d'eau distillée pour qu'elle se divise, forme un
mortier et se réduise en poudre qu'on fait passer par un tamis ; on peut en préparer une très
grande quantité, qui se conserve dans un flacon
bouché à l'émeri. Pour préparer le bromure de
chaux, on prend environ un quart de litre de
cette chaux ainsi préparée, et on la met dans
une cuvette à eau bromée ; dans le milieu on

dispose un verre très petit dans lequel on verse 45 à 48 grammes de brome pur, puis on recouvre la cuvette avec un objet noir quelconque. On laisse reposer pendant quarante-huit heures : la chaux alors doit présenter une couleur rose un peu rouge ; le brome a été absorbé par la chaux il n'en reste plus dans le verre. On met ensuite le bromure de chaux dans un flacon bouché à l'émeri, de telle sorte qu'il ne puisse pas s'évaporer ; ce flacon doit toujours être enveloppé dans une grande feuille de papier noir ; quand on veut travailler, on prend la quantité qu'on trouve nécessaire.

Les personnes qui préparent elles-mêmes le bromure de chaux doivent prendre leurs précautions en débouchant le brome ; il serait dangereux de le respirer en trop grande quantité.

Lorsque la boîte à bromure de chaux est bien rodée et ne prend pas l'air, elle est propre à faire le bromure de chaux ; on peut, à la place, prendre un flacon à large ouverture, bouché à l'émeri, mettre dedans la chaux et le verre contenant les 45 ou 48 grammes de brome pur, reboucher le flacon et laisser reposer pendant quarante-huit heures , comme il a été dit précédemment.

Si le bromure de chaux vient à perdre de sa force, on met au fond de la boîte à bromure de chaux le petit verre contenant 1 ou 2 gouttes de brome pur. Recouvrir la boîte de la glace dépolie, laisser reposer vingt-quatre heures ; on peut travailler ; le bromure de chaux est aussi bon qu'il était auparavant. Cette opération peut se renouveler à l'infini et le même flacon servir continuellement.

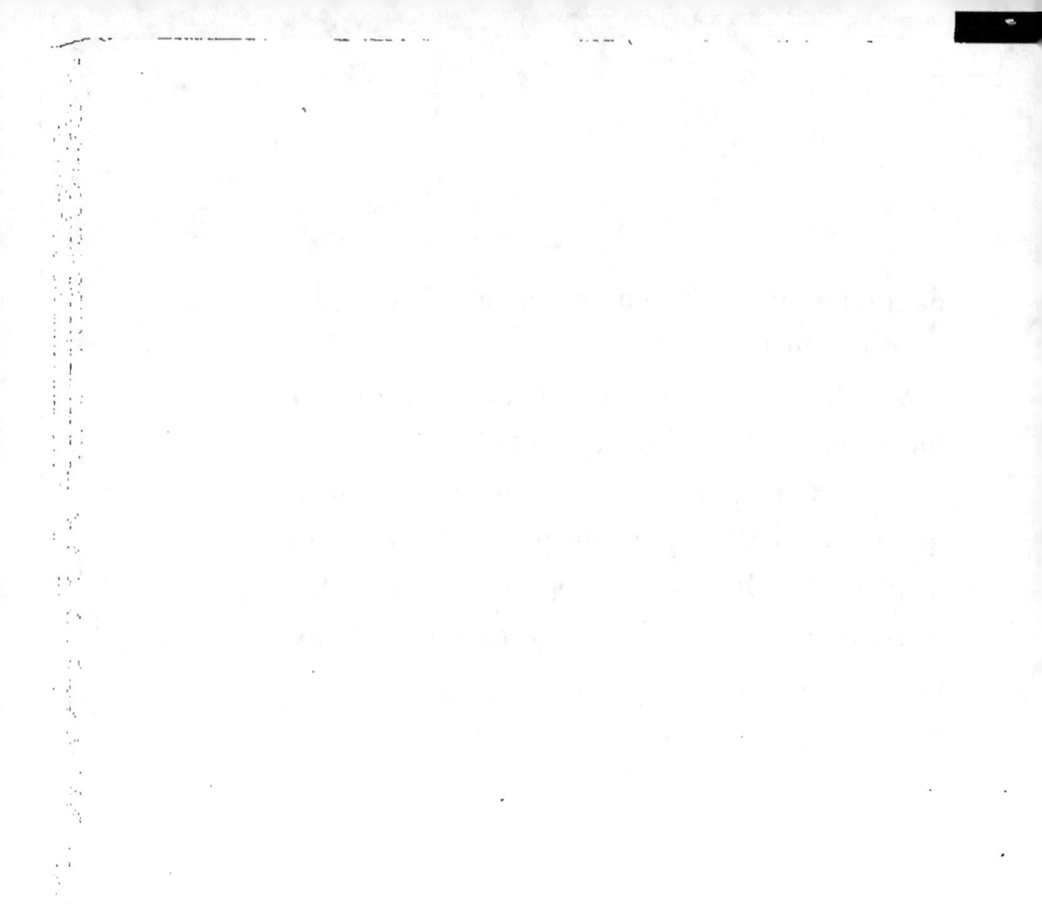

# CHAPITRE LVII.

## De la chambre noire.

Deux boîtes ou tambours à coulisse forment la chambre noire; l'une porte antérieurement l'objectif et présente une ouverture circulaire en son milieu; un de ses côtés est ouvert et livre passage à l'autre tambour, qui est ouvert sur ses deux faces; il porte deux rainures destinées à recevoir la glace dépolie, sur laquelle viennent se fixer les objets renversés, et qui, plus tard, est remplacée par le châssis-plaque.

Lorsque l'objectif ne suffit pas pour éloigner ou rapprocher les objets, on augmente ou on diminue la longueur de la chambre noire au moyen de la coulisse, et, de cette manière, on détermine l'éloignement ou le rapprochement des objets.

Voilà pour ce qui regarde la chambre noire dépourvue de son objectif.

# CHAPITRE LVIII.

## Des objectifs.

La chambre noire, telle que nous venons de la décrire, manque du principal objet nécessaire à la formation de l'épreuve : c'est un corps dépourvu du souffle qui l'animait ; rendons-lui ce souffle, il remplira ses fonctions avec une exactitude et une ponctualité merveilleuses : mettons un objectif à la chambre noire, et nous l'aurons rendue propre à remplir le but qui a présidé à sa formation.

L'objectif se compose d'une pièce cylindrique en cuivre ; ses deux extrémités portent deux verres achromatiques doubles ; il s'emboîte dans un autre cylindre plus court et fixé par trois vis à la chambre noire ; une crémaillère permet, suivant qu'on la fait jouer à droite ou à gauche, d'éloigner ou de rapprocher les objets.

Nous employons indistinctement l'objectif allemand et l'objectif français. On a fait de si grandes améliorations depuis quelque temps dans le système de ce dernier, que la durée de la pose, d'abord très longue avec lui, est maintenant à peu près comme avec un objectif allemand.

Remarquons que l'objectif français ne présente qu'un foyer, tandis que l'objectif allemand en possède deux ; il faut la plus grande attention pour trouver le foyer réel, autrement les portraits sortiraient mal ou n'auraient qu'une image obscure et embrouillée de ces objets.

Lorsqu'on fait choix d'un objectif, il faut veiller à ce que les verres contiennent le moins de bulles ou petits points qu'il sera possible ; ce ne serait pourtant pas une raison pour rejeter un bon objectif ; quelquefois ceux que nous venons d'indiquer donnent néanmoins de fort belles épreuves.

Chaque fois qu'on veut se servir d'un objectif, on prend une peau de chamois et on essuie les verres pour enlever les taches ou la poussière qui pourraient s'y être fixées ; mais jamais il ne faut employer d'étoffe, pour ne pas rayer les verres.

Lorsqu'on veut placer le modèle au foyer, on prend une pièce d'étoffe rouge ou noire, dont l'opérateur se couvre la tête en même temps que la chambre noire ; puis, après avoir introduit la glace dépolie dans sa rainure et enlevé la capsule qui se trouve au-devant de l'objectif, on fait jouer la crémaillère de l'objectif jusqu'à ce que l'on voie distinctement les moindres traits ou imperfections du visage et le corps dans tous ses détails ; ensuite on remplace la glace dépolie par le châssis et la plaque, et on procède à l'exposition de cette dernière à la lumière.

# CHAPITRE LIX.

### Appui-tête.

Deux espèces d'appui-tête sont en présence :
appui-tête en bois, appui-tête en fer ; pour un
artiste voyageur, l'appui-tête en bois, étant très-
léger, est préférable.

L'appui-tête en bois est ainsi construit :

Deux bâtons plats, dont un avec rainure au
milieu, s'adaptent de chaque côté du dossier
d'une chaise ; ils sont tenus ensemble par deux
vis en cuivre ou fer. Le bâton portant la rainure se continue plus haut ; là se trouve une
forte pièce en bois dans laquelle on a pratiqué
un trou qui reçoit un autre bâton plus petit et
rond ; il tient après l'autre par le moyen d'une

vis en bois ; ce bâton devient gros en arrivant en haut ; il porte un trou horizontal au milieu, dans lequel vient passer un autre bâton rond terminé par un demi-cercle en bois destiné à appuyer la tête du modèle, et dans lequel celle-ci vient se solidifier au moment de la pose.

L'appui-tête en fer offre le mécanisme suivant :

Trois bâtons en fer recourbés en bas, de manière à être solides à terre, montent comme pour se rejoindre en forme de pyramide ; ils ne se rejoignent cependant pas complétement : il se trouve une pièce de fer dans laquelle passe un autre bâton également en fer, soutenu par une vis ; il vient tomber juste entre les trois autres et est terminé par une boule de fer. Ce bâton en porte lui-même un autre plus petit horizontal ; tout à fait en haut, au bout de ce bâton, se trouvent deux branches en fer disposées en demi-cercle pour soutenir la tête, comme pour l'appui-tête en bois. On peut agrandir ou diminuer ce cercle, selon la grosseur de la tête, par le moyen d'une petite vis qui se trouve placée en dessus ; on peut avancer ou reculer la branche qui supporte le demi-cercle par le moyen d'une autre vis placée dessus.

Les trois bâtons d'appui dont nous avons parlé en commençant sont eux-mêmes soutenus par trois autres petits, qui se rejoignent de l'un à l'autre presque en bas.

———

# CHAPITRE LX.

**Pied à boule-rotule.**

Le pied à boule-rotule est destiné à porter
la chambre noire ; il se compose d'un plan sur
lequel repose celle-ci, plan qui est placé sur une
boule renfermée dans une pièce de bois, et peut
être mis en mouvement dans tous les sens, suivant que la boule est ou non pressée par une
forte vis en bois placée sous elle. Ce pied est
formé de trois branches ayant dans leur milieu
des charnières ployantes qui permettent d'a-
baisser ou de redresser le pied à volonté et en
facilitent le transport.

# CHAPITRE LXI.



**Boîtes à mercure.**

Les boîtes à mercure sont destinées à recevoir
la plaque au sortir de la chambre noire; elles
ont presque la forme carrée; deux tringles disposées obliquement et sur les faces latérales
intérieurement, à la partie supérieure de la
boîte, sont destinées à recevoir le petit châssis
muni de la plaque, après l'exposition de la
chambre noire; une glace fixée sur une des
faces de la boîte permet de veiller à la sortie
du portrait lorsqu'on n'a pas de sablier pour
guide. Cette boîte est fermée supérieurement
par une porte à charnières; inférieurement est
placée une capsule en faïence destinée à recevoir le mercure; elle porte un petit thermomètre dont la boule vient tomber sur le mer-

cure, et dont la plus grande branche est fixée au-devant de la boîte, en face de l'opérateur. Le mercure, en chauffant, fait monter la colonne thermométrique ; il faut veiller à ce qu'elle ne dépasse pas 70 à 75 degrés, ce qui est d'autant plus facile que la capsule est chauffée par une lampe modérateur à esprit-de-vin, qui laisse la faculté de la faire stationner à peu près au degré jugé le plus convenable.

Lorsque le portrait est retiré de la chambre noire, on le dépose dans la boîte à mercure, où il reste de 2 à 3 minutes, après quoi on le met dans l'hyposulfite de soude. Quelquefois il arrive qu'en oubliant le thermomètre, il monte jusqu'à son dernier degré ; alors la colonne thermométrique continuant cependant à monter est obligée de se faire jour : le tube se brise, on n'a plus de thermomètre. Si c'est un artiste en voyage, et qu'il ne soit pas à même de le remplacer, il est obligé de veiller à la sortie du portrait ; en portant une bougie en face de la glace, il l'aperçoit facilement.

# CHAPITRE LXII.

## Pied à chlorurer.

Le pied à chlorurer sert à porter la plaque au moment où on la fixe; il se compose d'une branche verticale portée sur un pied ou base dont on a augmenté le poids pour empêcher l'instrument de vaciller à droite et à gauche; à la partie supérieure de la branche est soudé un carré formé par quatre montants fixés l'un à l'autre. Ce pied est généralement en fer.

# CHAPITRE LXIII.

## Boîtes à plaques.

Lorsqu'une plaque est polie, ou même avant qu'elle ait passé entre les mains du polisseur, ou bien encore lorsqu'elle sort de la boîte à mercure, comme il est de toute impossibilité de la laisser à l'air libre sans qu'elle soit gâtée ou par la poussière, ou par un corps étranger quelconque, on la place dans une boîte ayant un couvercle à charnières et garnie intérieurement sur deux de ses côtés de rainures dans lesquelles s'emboîtent les plaques une à une. Mais voici la disposition qu'elles doivent avoir. Jamais une plaque ne doit avoir sa face cuivrée en face du côté argenté d'une autre plaque ;

en d'autres termes, elles doivent être argent contre argent et cuivre contre cuivre.

Nous ferons remarquer, en terminant, qu'une plaque sortant du mercure peut rester quelque temps sans inconvénient dans la boîte avant d'être fixée.

# CHAPITRE LXIV.


**Détail des instruments et substances nécessaires
dans le daguerréotype sur plaque.**

Afin d'éviter à l'artiste le désagrément d'oublier quelquefois quelqu'une des choses nécessaires à la formation de son portrait, nous allons détailler succinctement tous les ustensiles dont on se sert en daguerréotype ; l'opérateur n'aura qu'à consulter cette liste, il verra de suite quels sont les objets qui lui manquent :

Chambre noire et objectif.

Boîte à iode.

Boîte à brome.

Planchette à polir.

Boîte à tripoli.

Boîte à rouge.

Boîtes à plaques.

2 bassines en faïence.

Boîte à mercure.

Pied à boule-rotule.

Pied à chlorurer.

Plaques.

Mercure.

1 flacon d'hyposulfite de soude préparé.

1 — de sel d'or préparé.

Couleurs et pinceaux.

Polissoir.

Iode.

Chloro-bromure de chaux ou bromure de chaux.

Passe-partout pour encadrer les épreuves.

Papier à filtrer.

Coton.

Appui-tête.

2 entonnoirs en verre.

Flacons bouchés à l'émeri pour toutes les substances.

1 lampe à esprit-de-vin, 3 becs.

1 — modérateur.

Nous n'avons rien à ajouter au daguerréotype sur plaque; nous allons maintenant passer aux abrégés sur collodion, toile, verre positif et plaque, à l'usage des personnes qui désirent apprendre seules l'une ou l'autre de ces branches de la photographie. Ces abrégés sont simples, explicites, indiquant seulement les opérations sans aucune autre explication. Nous les avons fait précéder de deux procédés, l'un pour obtenir des épreuves sur ivoire, l'autre pour en obtenir sur boule de cristal.

# CHAPITRE LXV.

## Procédé pour faire des épreuves sur ivoire naturel ou factice.

Nous commencerons par dire au lecteur qu'il est à peu près impossible de se servir d'ivoire naturel, à cause de son prix élevé ; on est donc forcé de faire les épreuves sur l'ivoire factice.

### POLISSAGE.

La plaque d'ivoire étant de la grandeur dont on veut obtenir l'épreuve, devra d'abord être bien polie. On obtient ce résultat en frottant une des surfaces avec du papier et de la pierre ponce pulvérisée ; on frotte jusqu'à ce que la surface de l'ivoire soit bien aplanie et offre à l'œil le moins de raies possible.

Pour obtenir une bonne fixité pour ce genre d'épreuves, il est indispensable d'albuminer les plaques de la manière suivante. On doit, après en avoir retiré les germes, battre quatre blancs d'œufs en neige pendant au moins un quart d'heure, peser et ajouter le même volume d'eau distillée, ajouter ensuite 5 grammes pour cent de chlorure de sodium, laisser reposer une nuit. Immerger complétement la plaque d'ivoire dans ce mélange pendant 5 minutes environ, laisser sécher contre un mur, à l'abri de la poussière autant que possible.

Quand la plaque est sèche, on la sensibilise sur le bain suivant :

<blockquote>
Eau distillée............ 100 grammes.<br>
Nitrate d'argent.........  20  —
</blockquote>

On retire au bout de 5 à 10 minutes et on fait sécher comme précédemment.

Lorsque l'ivoire est sec, on met un beau cliché dans le châssis à positive et on place son ivoire comme si c'était une feuille de papier préparé au nitrate; on consulte l'épreuve, et quand elle est assez venue on la retire du châssis pour la fixer. On doit la laisser venir plus que le papier, elle perd davantage dans les bains fixateurs.

### FIXAGE.

Immerger la plaque dans un bain de chlorure d'or sans acide, à 1 gramme pour 1 litre d'eau. Quand les blancs de l'épreuve sont entièrement dépouillés, on rince bien la plaque avec de l'eau filtrée et on la plonge ensuite dans la dissolution suivante :

> Eau distillée............ 100 grammes.
> Hyposulfite de soude, autant que l'eau en peut dissoudre.

10 minutes ou un quart d'heure suffisent; on rince la plaque à plusieurs eaux, on la laisse baigner une demi-heure dans l'eau ordinaire, et le fixage est terminé.

Ce qui demande le plus de soins dans ce genre d'épreuves, et ce qui offre le plus de difficultés, c'est le fixage.

# CHAPITRE LXVI.

## Portraits sur boule concave de cristal (presse-papier).

Ce genre de photographie, dont on ne s'explique pas d'abord le moyen, est un de ceux qui paraissent le plus extraordinaires; aussi les artistes qui l'ont adopté comme spécialité en ont-ils fait un grand secret.

Ce secret, qui n'en a jamais été un pour nous, nous ne voulons plus que désormais il en soit un pour personne; aussi publions-nous les procédés dans toute leur simplicité, afin que tout le monde puisse en faire et réussir comme nous.

### MANIÈRE DE PROCÉDER.

Après avoir bien nettoyé la boule comme on le ferait pour une glace que l'on voudrait collodionner, on verse le collodion dans le creux de la boule comme on le ferait pour une glace ordinaire ; seulement, comme cette boule n'a pas d'angle, on la tient sur les doigts au lieu de la tenir par un coin.

On sensibilise dans une cuvette ou bol suffisamment profond et contenant assez de nitrate d'argent pour immerger la surface collodionnée de la boule ; on retire du bain quand la sensibilisation est terminée, ce qui est la même chose qu'ordinairement, et on va tirer l'épreuve dans un châssis disposé exprès pour cette opération.

Ce châssis est ainsi construit :

On cloue un morceau de drap noir tout au tour de l'ouverture d'un châssis d'un sixième ; on perce le milieu qui doit recevoir la boule. Quand celle-ci est dans le châssis, on rabat les quatre côtés du drap et on presse avec une lanière en cuir ou une bande d'étoffe qui est clouée en bas ; on la fixe en haut à volonté au moyen d'une petite vis.

Quand la pose, qui est la même chose que pour une positive ordinaire, est terminée, on développe dans un bain de fer dont voici la composition :

| Protosulfate de fer | 10 grammes. |
| Eau distillée | 100 — |
| Acide acétique | 8 — |
| Acide sulfurique | Quelques gouttes. |

Quand l'épreuve est assez venue, on la rince et on la fixe par le bain de cyanure de potassium qui sert pour le collodion ordinaire. Laver, laisser sécher, et pour faire paraître le portrait et lui donner de la consistance, le couvrir d'une couche de vernis noir au bitume de Judée dissous dans la benzine.

Ce genre d'épreuve devant rester sur le verre et par conséquent être positive, on se sert du même collodion et des mêmes bains que pour la toile ci-après désignée chapitre LXVIII.

# CHAPITRE LXVII.

## Abrégé de photographie sur papier, verre et collodion.

## § 1ᵉʳ.

### COLLODION.

PREMIÈRE OPÉRATION. — Polir la glace.

Choisir une glace bien pure.

La polir ainsi :

Mettre sur la glace quelques grains d'une poudre blanche nommée photogine, verser quelques gouttes d'alcool, frotter sur la glace, laisser sécher 5 à 10 minutes, bien nettoyer. Ensuite verser sur un tampon de papier joseph quelques gouttes d'éther, frotter des deux côtés pendant 1 minute environ. Avec un tampon de peau, frotter la glace jusqu'à ce qu'elle soit bien sèche ; prendre un autre tampon de peau pour donner le dernier coup ; souffler avec l'haleine, afin de former une buée sur la glace ; frotter vigoureusement avec le tampon pour terminer. Lorsqu'on la voit bien pure, la glace est prête à recevoir le collodion.

DEUXIÈME OPÉRATION. — Collodionner la glace.

Prendre la glace par un de ses angles entre le pouce et l'index ; verser dessus le collodion, pour que la glace en soit entièrement recouverte ; mettre l'angle opposé dans le flacon à collodion, en inclinant la glace, de manière à ramasser ce qu'il y a de trop ; poser l'angle de la glace sur du papier joseph pendant 15 ou 20 secondes environ, plus ou moins, suivant la température.

Pour la composition du collodion, se reporter au commencement du volume, chapitre XVII, § 1er.

TROISIÈME OPÉRATION. — Nitrater ou sensibiliser la glace.

Aussitôt l'opération ci-dessus terminée, plonger la glace, le collodion en dessous, dans le bain suivant :

Eau distillée............ 100 grammes.
Nitrate d'argent.......... 6 —

Après avoir filtré, on a dû mettre ce bain dans une cuvette en porcelaine; il doit y avoir dans le fond de la cuvette une pièce de 5 francs, sur laquelle repose la glace, de manière que le collodion ne touche pas le fond. Pendant 1 minute environ, remuer légèrement la bassine et soulever 5 ou 6 fois la glace hors de l'eau, en la rabattant de suite. La retirer et la transporter le plus vite possible dans le châssis porte-glaces, pour aller tirer l'épreuve. Cette opération doit être faite dans un cabinet noir et complétement à l'abri de la lumière.

Quatrième opération. — Tirer l'épreuve.

Faire prendre au modèle la pose qui lui convient, soit assis, soit debout, en observant que tous les objets se trouvent, autant que possible, sur le même plan et en rapport avec le daguerréotype.

Mettre au foyer en faisant jouer la crémaillère comme pour une lorgnette de théâtre, jusqu'à ce qu'on voie bien nets les plus petits détails, les poils de la barbe, le point des yeux, les petits défauts de physionomie.

Prier la personne de rester bien immobile, remplacer la glace dépolie par le châssis qui contient la glace préparée; l'opération varie de 5 secondes à 1 minute sous une terrasse vitrée, et de 1 à 20 secondes à l'air libre, suivant l'intensité de la lumière.

CINQUIÈME OPÉRATION. — Faire paraître l'épreuve.

Lever le châssis qui contient le portrait et le transporter, à l'abri de la lumière, dans le cabinet noir pour faire apparaître l'épreuve de la manière suivante :

Verser dans un verre une quantité suffisante pour couvrir la glace de la solution suivante :

| | | |
|---|---|---|
| Eau distillée............ | 500 | grammes. |
| Acide pyrogallique....... | 2 | — |
| Acide acétique.......... | 25 | — |

Prendre la glace par un de ses angles, entre le pouce et l'index, et la mettre horizontalement en la tenant toujours sans lumière ; au moment juste de verser la solution ci-dessus, y ajouter quelques gouttes de la suivante :

| | | |
|---|---|---|
| Eau distillée............ | 100 | grammes. |
| Nitrate d'argent......... | 2 | — |

Verser les deux solutions mélangées sur la glace et les y laisser en remuant légèrement par un mouvement de va et vient, jusqu'à ce qu'on voie l'épreuve bien sortie, les noirs en blanc et réciproquement. Cette opération demande de 1 minute à 1 minute et demie. Bien laver à l'eau ordinaire.

SIXIÈME OPÉRATION. — Fixer l'épreuve.

Il y a deux manières différentes de fixer : avec l'hyposulfite de soude et avec le cyanure de potassium. L'hyposulfite étant le produit dont nous ne nous servons pas généralement, nous renverrons le lecteur au chapitre VI pour sa composition et la manière de procéder.

Quant au cyanure de potassium, voici comment nous l'employons. Il faut avoir une solution ainsi composée :

> Eau distillée............ 100 grammes.
> Cyanure de potassium..... 6 —

On en verse sur la glace une quantité suffisante pour la couvrir, et on le laisse jusqu'à ce que le voile bleuâtre qu'avait laissé l'acide pyrogallique soit disparu ; l'effet se produit presque instantanément.

Bien laver avec de l'eau ordinaire, laisser sécher ; l'épreuve est finie et prête à être reproduite sur papier.

## § 2.

### PAPIER POSITIF.

Première opération. — Saler le papier.

Il faut avoir du papier très-beau et un peu fort ; nous préférons nous servir de papier de Saxe. Le couper de la grandeur qu'on veut donner au portrait et le plonger en entier dans le bain suivant :

Eau distillée.............. 100 grammes.
Sel blanc ou chlorure de
sodium................. 5 —

Laisser dans ce bain pendant 3 ou 4 heures ; accrocher par un angle avec une épingle pour faire sécher ; le papier est prêt à recevoir la seconde opération de la sensibilité.

### ·Deuxième opération.

Lorsque le papier salé est bien sec, on le pose, mais du beau côté seulement, dans une bassine contenant la solution suivante ;

Eau distillée............ 100 grammes.
Nitrate d'argent.......... 20 —

Le laisser sur ce bain pendant 4 ou 5 minutes, le faire sécher de la même manière que ci-dessus. Il est complétement prêt à recevoir le portrait positif.

### Troisième opération. — Faire la positive.

Tirer l'épreuve positive sur papier de la négative sur verre par le procédé suivant :

Mettre dans le châssis positif, dont nous avons donné la description chapitre XXVII, l'épreuve sur collodion, le bon côté en dessus; appliquer la feuille de papier du côté nitraté ; sur cette épreuve replacer le châssis tel qu'il était, serrer légèrement les vis, porter le châssis à la lumière et laisser l'opération se faire toute seule, ce qui est plus ou moins long suivant la lumière. On peut consulter l'épreuve autant de

fois qu'on le veut en défaisant un côté seulement du châssis, et s'assurer par là quand l'é-
preuve est convenablement venue.

QUATRIÈME OPÉRATION.

Lorsque l'épreuve est terminée, on la retire
du châssis et on la transporte, pour la fixer, dans
le bain suivant :

> Eau distillée.............  100 grammes.
> Hyposulfite de soude......   15    —

On laisse l'épreuve dans ce bain de 40 à
45 minutes, en remuant de temps à autre la
bassine; on la transporte ensuite dans une autre
bassine contenant de l'eau ordinaire, dans laquelle on la laisse de 12 à 15 heures, en remuant
légèrement de temps en temps et changeant
plusieurs fois l'eau ; ensuite on la fait sécher de
la manière ci-dessus; l'épreuve est finie et on
la colle comme il a été dit chapitre XXII.

Pour la grande méthode détaillée, se reporter
chapitres Ier et suivants.

# CHAPITRE LXVIII.



**Abrégé de photographie sur verre et sur toile.**

## § 1<sup>er</sup>.

### VERRE.

PREMIÈRE OPÉRATION. — Polir la glace.

Prendre de la photogine , comme il a été dit dans la méthode sur collodion, et en frotter la glace ; imbiber ensuite un tampon de papier de soie avec de l'éther, frotter la glace pendant quelques instants, ensuite continuer à frotter avec une peau jusqu'à ce qu'il n'y ait plus aucun corps gras sur la glace , ce que l'on reconnaît en formant dessus une buée avec l'haleine.

DEUXIÈME OPÉRATION. — Collodionner la glace.

Prendre la glace par un angle, verser dessus le collodion , de manière à la couvrir tout entière le plus régulièrement possible ; aussitôt la glace bien couverte, l'incliner perpendiculairement, en ayant soin de mettre l'angle du bas dans le goulot du flacon, pour recevoir l'excédant du collodion qui se trouve sur la glace ; poser l'angle de la glace sur un petit tampon de papier de soie ; laisser sécher 15 à 20 secondes, suivant la température : cela demande plus ou moins de temps.

Pour la composition de ce collodion, se reporter chapitre XVII, § 2.

TROISIÈME OPÉRATION. — Sensibiliser la glace.

Aussitôt le temps nécessaire pour sécher le collodion écoulé, plonger la glace, le collodion en dessous, dans le bain suivant :

<blockquote>
Eau distillée.............. 100 grammes.<br>
Nitrate d'argent.......... 10     —
</blockquote>

La glace doit tomber le bout sur une pièce de 5 francs que l'on a dû mettre dans la cuvette pour empêcher la glace de toucher au fond.

Remuer légèrement la glace et la soulever

5 ou 6 fois hors de l'eau, pendant environ 1 minute; ensuite, enlever la glace par un angle et la mettre dans le châssis. Cette opération doit être faite dans un cabinet noir et autant que possible à l'abri de la lumière.

QUATRIÈME OPÉRATION. — Tirer l'épreuve.

La préparation ci-dessus n'admet aucun retard pour tirer le portrait sans nuire à sa finesse et à sa vigueur. On doit donc avoir d'abord mis la personne au foyer, c'est-à-dire qu'on doit la voir bien nette sur la glace dépolie, les poils de la barbe, les yeux se détachant très-bien. Il faut avoir soin de l'avoir bien placée sur le même plan.

Ceci doit être fait avant de préparer la glace, afin qu'en arrivant avec la préparation il n'y ait qu'à mettre celle-ci à la place de la glace dépolie. Bien recommander à la personne de rester immobile, et tirer l'épreuve. La pose est beaucoup plus courte que pour les négatifs; par un beau temps et sous une terrasse vitrée, il ne faudra pas poser plus de 3 à 10 secondes, suivant l'intensité de la lumière; par les mauvais temps, la pose devient double, triple; il est impossible de rien préciser.



CINQUIÈME OPÉRATION. — Faire paraître l'épreuve et la fixer.

Aussitôt la pose terminée, revenir dans le cabinet noir et plonger la glace, le collodion en dessus, dans le bain suivant, afin de faire paraître l'épreuve :

Eau distillée............ 100 grammes.
Protosulfate de fer........ 25 —
Acide acétique.......... 50 —

Pour voir apparaître l'épreuve, la regarder avec une bougie, et lorsqu'on la voit suffisamment venue, ce qui ne demande que très-peu de temps, de 15 à 25 secondes, la retirer de ce bain et la sécher.

Verser dessus de l'eau ordinaire pour laver; ensuite verser également dessus, afin de la fixer, une quantité suffisante pour la couvrir en entier, de la solution suivante :

Eau distillée ........... 100 grammes.
Cyanure de potassium..... 6 —

L'effet se produit presque instantanément. Laver ensuite de nouveau avec de l'eau ordinaire.

Cette opération terminée, comme c'est un portrait sur verre positif que l'on veut obtenir, on doit l'examiner attentivement en positive, afin de se rendre bien compte si tous les détails du portrait sont bien sortis et si lui-même est beau et vigoureux.

Afin de le mieux voir, on met derrière la glace quelque chose de noir ; si en le regardant on le voyait trop blanc, confus et sans détails, et qu'en le voyant par transparence tous ces détails apparaissent, on aurait trop posé, le but serait manqué ; ce serait une négative et non pas une positive que l'on aurait obtenue ; si, au contraire, le portrait paraissait avec des traits noirs et sombres, ce serait que l'on n'aurait pas assez posé ; on devrait recommencer dans les deux cas.

Quand on veut faire un portrait sur verre positif, pour obtenir le portrait d'un beau ton mat et blanc, il faut prendre du bichlorure de mercure concentré, en mettre 3 ou 4 gouttes dans un verre d'eau, verser cette solution de manière à couvrir entièrement le portrait. On a posé la glace sur un trépied bien de niveau, afin de pouvoir laisser dessus jusqu'à ce que le portrait ait pris un ton convenable.

## § 2

### TOILE.

Si au lieu de faire un positif sur verre, on veut avoir un portrait sur toile, après avoir fait toutes les opérations ci-dessus on pose le cliché, le collodion en dessus, dans le bain suivant, pour détacher l'épreuve :

Eau distillée............ 100 grammes.
Acide sulfurique........ 25 —

Ce bain ne doit pas être trop copieux, c'est-à-dire qu'il doit y en avoir une bien petite quantité au-dessus de l'épreuve ; on remue légèrement la bassine jusqu'à ce que le collodion soit détaché entièrement de la glace, ensuite on rétablit le collodion le plus droit possible et on l'enlève sur la glace ; on lave à l'eau ordi-

naire en le tenant avec un doigt sur la glace; cela
fait, on étend sur le collodion un morceau de
toile cirée de la grandeur du portrait ; le collodion se trouvant plus adhérent à la toile qu'à la
glace, on fait glisser celle-ci, que le collodion
abandonne, pour se fixer sur la toile. Laver de
nouveau à l'eau ordinaire et étendre le collodion
bien régulièrement sur la toile ; on peut laisser
sécher seul en mettant à plat sur une planche,
mais il est préférable de faire sécher, lentement cependant, sur une lampe à esprit-de-vin,
la chaleur faisant adhérer plus fortement le
collodion à la toile.

# CHAPITRE LXIX.

**Abrégé de daguerréotype. — Portraits sur plaques.**



Prendre des plaques de cuivre argenté au 30ᵉ ou 40ᵉ, exemptes de défauts, taches de cuivre ou petits points noirs, le plus pures qu'il est possible de les trouver.

La plaque étant bisautée comme il est indiqué chapitre XXXVIII, on la met sur la planchette à polir et on s'entoure de tout ce qui est nécessaire dans cette opération : tripoli, coton, alcool et polissoir.

Verser sur la plaque une certaine quantité de tripoli, quelques gouttes d'esprit-de-vin ; frotter en petits ronds vigoureusement pendant 3 ou 4 minutes. Verser de nouveau un peu de tripoli, prendre un tampon de coton sec et frotter de la même manière pendant encore environ 3 ou 4 minutes; souffler de temps en temps sur la plaque pour s'assurer s'il n'y a pas de saletés; lorsqu'elle est bien nette et bien finie, prendre le polissoir, frotter 3 ou 4 minutes la plaque dans le sens des angles et les travers, finir de cette dernière manière; la plaque est prête à recevoir les préparations chimiques.

DEUXIÈME OPÉRATION. — Ioder et bromer la plaque.

Cette opération se fait de la manière suivante. On a une double boîte, ou boîte jumelle, renfermant deux compartiments : l'un contient l'iode, l'autre le chloro-bromure de chaux.

On met la plaque polie sur l'iode, et on lui laisse prendre une couleur jaune-paille un peu doré; pour s'assurer si la plaque est dans de bonnes conditions, on a une feuille de papier blanc sur laquelle la couleur de la plaque venant se refléter, permet de bien examiner à quelle teinte elle est arrivée; lorsqu'elle a atteint la couleur désirée, on la transporte sur le brome, où on la laisse de 12 à 15 secondes ; on revient ensuite sur l'iode, où on reste de 8 à 10 secondes ; on met la plaque dans le châssis : elle est prête à recevoir le portrait.

TROISIÈME OPÉRATION. — Exposition à la chambre noire.

Faire asseoir la personne, appuyer la tête, recommander de rester immobile, mettre au foyer comme il a été indiqué précédemment ; remplacer la glace dépolie par la préparation ; recommander de nouveau de rester bien immobile, et tirer le portrait. L'opération est plus ou moins longue, suivant la lumière ; cela peut varier de 5 à 30 secondes sous une terrasse vitrée, par un beau temps.

QUATRIÈME OPÉRATION. — Faire paraître l'épreuve.

Lorsque le châssis est retiré de la chambre noire, on transporte l'intérieur, qui contient la plaque, dans une boîte nommée chambre à mercure, qui contient du mercure en plus ou moins grande quantité, suivant la grandeur de la boîte. La capsule contenant le mercure est chauffée par une lampe à esprit-de-vin jusqu'à 65 degrés; on met le portrait dedans et on chauffe jusqu'à **72** à **75** degrés; la plaque doit rester de **2** à **3** minutes dans cette boîte.

Cinquième opération. — Lavage.

Quand on croit le portrait assez venu, on le retire de la boîte à mercure, et s'il est convenablement venu, on le transporte dans une capsule en faïence contenant un bain d'hyposulfite de soude, qui sert à enlever l'iode et le brome qui se trouvent sur la plaque. La laisser dans ce bain, en remuant continuellement, de **1** minute à **1** minute et demie; la mettre dans une autre bassine contenant de l'eau filtrée, en remuant pendant le même temps à peu près, et bien laver avec de l'eau distillée.

Sixième opération. — Fixer l'épreuve.

Mettre la plaque sur un pied en fer nommé pied à chlorurer, y verser une quantité suffisante pour bien la couvrir de sel d'or préparé;

chauffer avec une lampe à esprit-de-vin à trois becs, jusqu'à ce qu'on voie le portrait bien se détacher et devenir vigoureux ; lorsqu'il ne change plus, il est assez chloruré. On saisit la plaque par un angle avec une pince en fer, on y verse de l'eau distillée pour rincer ; on la sèche ensuite avec la lampe. Il n'y a plus qu'à colorier et encadrer l'épreuve, comme il a été dit chapitres LII et LIII. Se reporter chapitres XXXVI et suivants, pour la grande méthode détaillée.

# CHAPITRE LXX.



**Grossissement des portraits par le système
continuateur.**

Placer un cliché dans le châssis qui a servi à
le faire, et emboîter l'objectif de la chambre
noire qui contient ce cliché, dans une chambre
noire construite pour cet usage, ayant au
moins 1 mètre de tirage.

On expose le cliché à la lumière en tirant la
planchette du châssis. On fait la préparation
comme s'il s'agissait d'un portrait ordinaire :
bien mettre au foyer, poser de 5 à 10 minutes ;
quelques expériences fixeront l'opérateur à ce
sujet.

On obtient, par ce moyen, de très fortes
épreuves, comme grosseur et comme grandeur ;

cependant les personnes paraissent toujours comme soufflées et engraissées ; c'est du reste ce qui arrive toutes les fois que l'on veut faire trop gros en photographie, et plus fort que ne le comporte l'appareil.

# TABLE DES MATIÈRES.

Pages.



## INSTRUMENTS.

FIN.

Typ. Charles de Mourgues frères, rue J.-J. Rousseau, 8.

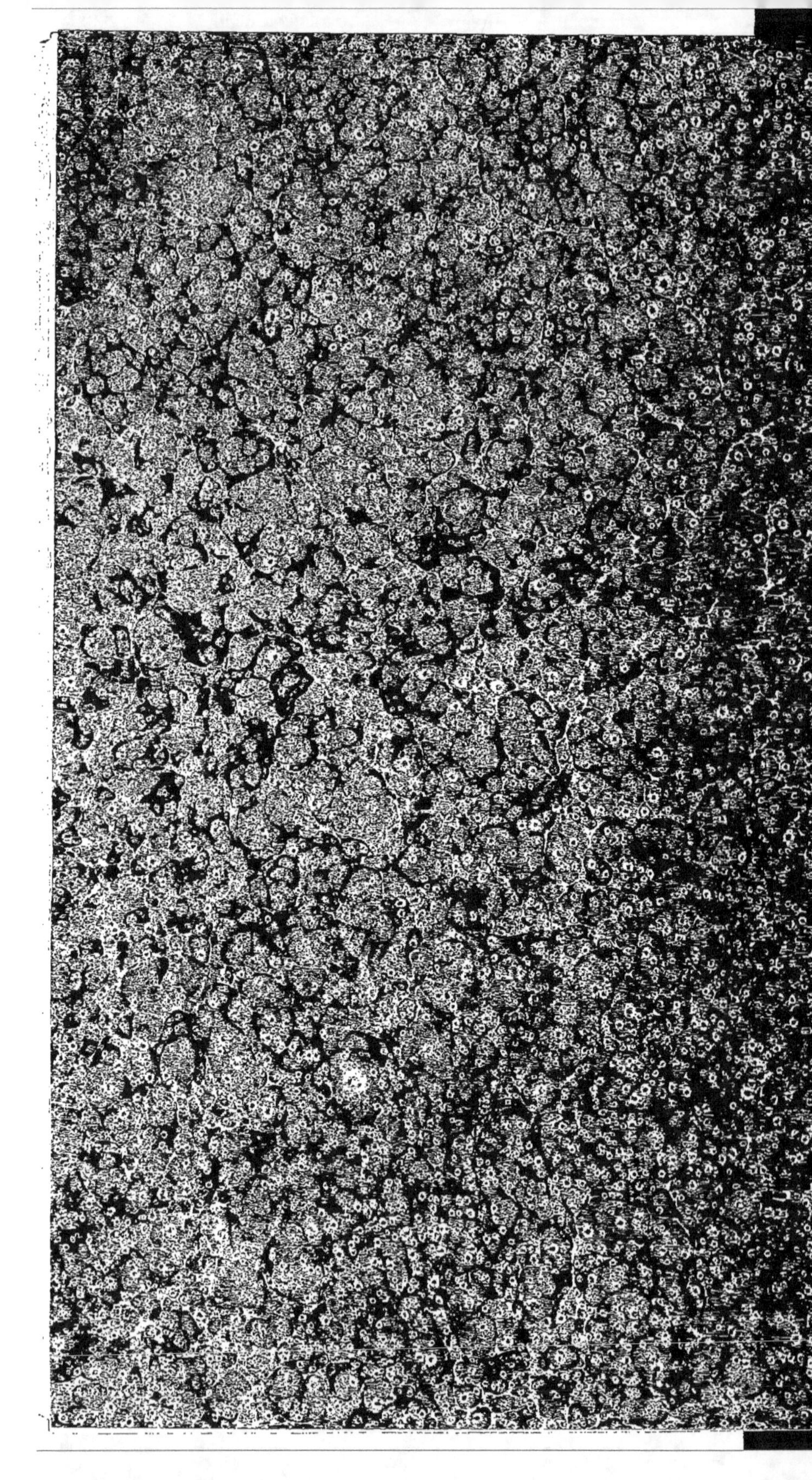

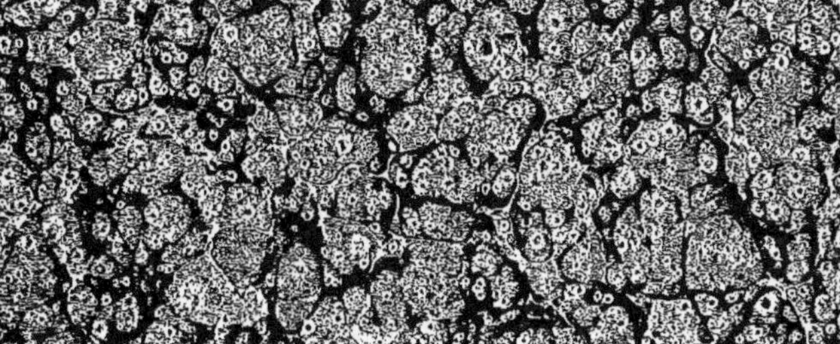